MESSAGES
DE NOS DÉFUNTS
ET DE NOS ANGES GARDIENS

TOME 2

Édition : Danielle Choquette
Infographie : Johanne Lemay
Révision : Isabelle Pauzé
Correction : Max Hugny
Design de la couverture : Nancy Desrosiers
Illustration : Siwakorn1933/Shutterstock
Photo de l'auteure : Isabelle Aubry

Catalogage avant publication de Bibliothèque et Archives nationales du Québec et Bibliothèque et Archives Canada

Titre : Messages de nos défunts et de nos anges gardiens : et si un être cher décédé tentait de vous parler... / Marylène Coulombe.
Noms : Coulombe, Marylène, 1969- auteur.
Identifiants : Canadiana (livre imprimé) 20210070234 | Canadiana (livre numérique) 20210070242 | ISBN 9782890449657 (vol. 2) | ISBN 9782890449664 (vol. 2 ; EPUB)
Vedettes-matière : RVM : Médiumnité. | RVM : Anges gardiens. | RVM : Écrits spirites.
Classification : LCC BF1290.C692 2022 | CDD 133.9/3—dc23

DISTRIBUTEURS EXCLUSIFS :

Pour le Canada et les États-Unis :
MESSAGERIES ADP inc.*
Téléphone : 450-640-1237
Internet : www.messageries-adp.com
* filiale du Groupe Sogides inc., filiale de Québecor Média inc.

Pour la France et les autres pays :
INTERFORUM editis
Téléphone : 33 (0) 1 49 59 11 56/91
Service commandes France Métropolitaine
Téléphone : 33 (0) 2 38 32 71 00
Internet : www.interforum.fr
Service commandes Export – DOM-TOM
Internet : www.interforum.fr
Courriel : cdes-export@interforum.fr

Pour la Suisse :
INTERFORUM editis SUISSE
Téléphone : 41 (0) 26 460 80 60
Internet : www.interforumsuisse.ch
Courriel : office@interforumsuisse.ch
Distributeur : OLF S.A.
Commandes :
Téléphone : 41 (0) 26 467 53 33
Internet : www.olf.ch
Courriel : information@olf.ch

Pour la Belgique et le Luxembourg :
INTERFORUM BENELUX S.A.
Téléphone : 32 (0) 10 42 03 20
Internet : www.interforum.be
Courriel : info@interforum.be

09-22

Imprimé au Canada

Dépôt légal : 2022
Bibliothèque et Archives nationales du Québec
ISBN (version papier) 978-2-89044-965-7
ISBN (version numérique) 978-2-89044-966-4

Gouvernement du Québec – Programme de crédit d'impôt pour l'édition de livres – Gestion SODEC – www.sodec.gouv.qc.ca

L'Éditeur bénéficie du soutien de la Société de développement des entreprises culturelles du Québec pour son programme d'édition.

Conseil des arts du Canada | Canada Council for the Arts

Nous remercions le Conseil des arts du Canada de l'aide accordée à notre programme de publication.

Financé par le gouvernement du Canada | Funded by the Government of Canada | Canada

Nous reconnaissons l'aide financière du gouvernement du Canada par l'entremise du Fonds du livre du Canada pour nos activités d'édition.

MARYLÈNE COULOMBE

MESSAGES
DE NOS DÉFUNTS
ET DE NOS ANGES GARDIENS

TOME 2

Le jour

Pour ceux qui croient, aucune explication n'est nécessaire.
Pour ceux qui ne croient pas, aucune ne serait suffisante.

JOSEPH DUNNINGER

INTRODUCTION

Vous tenez entre vos mains un outil très puissant !

Ce livre vous permet d'entrer en communication avec les mondes parallèles. Grâce à lui, vous pourrez établir un contact avec vos proches décédés, votre ange gardien et vos guides afin d'obtenir des messages et des réponses à vos questions pour vous libérer de vos émotions de peine, de culpabilité ou de souffrance.

Plusieurs personnes ont un don inné pour communiquer avec l'au-delà. Je fais partie de ces gens. Je suis née avec la faculté d'échanger avec les mondes invisibles de manière naturelle, cela fait partie de ma vie. Je communique avec les défunts et les anges depuis très longtemps et j'aime véritablement avoir ce don.

Au fil du temps, j'ai pu constater que beaucoup de gens n'ont pas amené cette faculté avec eux à leur naissance, que cela ne fait pas partie de leur mission de vie. Toutefois, ils souhaitent malgré tout ardemment pouvoir communiquer avec l'au-delà. Et c'est possible. Oui, c'est possible de développer ses facultés psychiques. Ce n'est plus réservé à une élite comme c'était le cas il y a plus de cinquante ans.

Grâce à ce livre, vous allez pouvoir faire vos premiers pas dans le développement de vos dons psychiques. Cet ouvrage va vous servir d'outil pour mieux comprendre les manifestations et les signes que vos défunts et votre ange gardien tentent de vous envoyer et pour recevoir des messages tant attendus. Voici un livre dont vous ne pourrez plus vous passer !

Bien sûr, je tiens à vous dire que le hasard n'existe pas, que vous ne tenez pas ce livre entre vos mains par simple curiosité, loin de là ! Si vous êtes en train de lire cette introduction, c'est qu'un défunt souhaitait vous voir prendre ce livre ou que votre ange gardien vous a guidé vers cet ouvrage pour vous aider à trouver une solution ou vous conseiller à propos de ce que vous vivez actuellement.

Enfin, il est possible aussi que ce soit votre âme qui vous guide vers ce livre afin que vous compreniez que vos capacités psychiques sont en train de se développer.

Je suis très heureuse de vous offrir ce deuxième tome rempli de messages importants provenant de vos défunts et de votre ange gardien. Les défunts avaient très hâte de s'exprimer à travers moi afin de transmettre ce qu'ils essaient de vous dire depuis un long moment.

LES MESSAGES

Les messages que j'ai canalisés dans cet ouvrage proviennent de différents défunts. J'ai ouvert mes antennes et leur ai donné la possibilité de me dire ce qu'ils souhaitaient vous transmettre. Peu importe si le défunt venu pendant la séance provient vraiment de votre famille ou pas, l'important est de comprendre qu'à partir de maintenant, votre défunt va se servir de ce qui est écrit dans ce livre pour vous parler, vous répondre et vous dire ce qu'il souhaite sincèrement partager avec vous.

Vous verrez que le défunt qui vous parle est parfois féminin, parfois masculin, et qu'il s'adresse à vous soit au féminin soit au masculin. Cela ne change rien aux paroles que votre défunt, homme ou femme, souhaite vous transmettre au moment où vous le consultez. Son message voyage d'une âme à une autre âme, de son âme à la vôtre.

Les messages de chaque défunt se trouvent sur les pages de gauche du livre et débutent tous par *J'aimerais te dire...*

J'ai aussi donné la parole aux anges, comme dans le premier tome. J'ai canalisé les anges, surtout les anges gardiens, lors de nouvelles séances. Ils sont tous différents et ils transmettent des messages uniques. Dès à présent, votre ange gardien va se servir des messages de ces anges pour communiquer avec vous.

Vous verrez aussi que les anges s'adressent toujours à vous au féminin. Pourquoi ? Parce que les femmes sont très nombreuses à communiquer avec leurs anges et que c'est leur part féminine qui assimile davantage le message reçu.

Leurs messages se trouvent sur la page de droite du livre et commencent tous par Ton ange aimerait te dire...

Au bas des pages de droite, vous pourrez lire une phrase sous une ligne horizontale. C'est une réponse, qui vient de votre âme, à une question que vous vous posez, à une interrogation que vous avez sur une situation précise ou au sujet d'une décision à prendre. Chaque réponse est courte et spontanée. Chaque réponse est le reflet de ce que votre âme vous dirait si elle se trouvait devant vous.

PLUSIEURS FAÇONS D'UTILISER CE LIVRE

Que vous ayez besoin de recevoir un message, de poser une question à un défunt ou à votre ange gardien, ou encore de recevoir une réponse immédiate à une interrogation qui vient de surgir dans votre vie, prenez ce livre entre vos deux mains et faites abstraction de ce qui vous entoure.

Pour communiquer avec un défunt
Pensez à un défunt et demandez-lui s'il est disponible et s'il veut bien être présent pour votre exercice. Fermez les yeux et concentrez-vous sur votre défunt. Demandez-lui ce qu'il aimerait vous dire là, en ce moment. Ou posez-lui une question : « Que dois-je comprendre de ton départ ? », « Est-ce que tu es bien ? », etc. Quand vous êtes prêt, vous ouvrez spontanément le livre à une page. Faites la lecture de la page de gauche au complet.

L'ensemble du message peut correspondre au message attendu ou bien à la question que vous avez posée. Ou encore le message peut faire du sens avec le défunt que vous avez invité pour l'exercice, sans pour autant répondre à votre question.

Vous pourriez aussi trouver la réponse à votre question dans un seul paragraphe ou dans une seule phrase.

Il faut parfois savoir lire entre les lignes et interpréter le message grâce à sa petite voix intérieure. D'ailleurs, si au moment de la lecture, vous ressentez des émotions vives ou si vous avez la chair de poule, c'est que vous avez bel et bien reçu le bon message.

Je vous suggère aussi, après avoir lu le message du défunt, de fermer vos yeux et d'imaginer celui-ci en train de vous dire exactement les mêmes paroles. Vous comprendrez alors la puissance de cet exercice !

Vous remarquerez que certains des messages canalisés n'ont pas été modifiés, ceci afin de reconnaître la personnalité et la manière de s'exprimer des personnes disparues. J'ai voulu respecter l'authenticité de ces gens. Je m'excuse auprès des âmes sensibles quant au niveau de langage utilisé.

Je ne vous conseille pas de poser la même question deux fois ; si une réponse ne vous convient pas, posez la question différemment. Pensez aussi que ce n'est peut-être pas le bon moment pour poser cette question ou que vous n'êtes peut-être pas prêt à entendre la réponse.

Il se peut aussi que le défunt ne puisse vous transmettre le message demandé, n'étant pas disponible, n'ayant pas assez d'énergie ou n'ayant pas encore réalisé qu'il est décédé. Pour en savoir davantage à ce sujet, je vous suggère la lecture de mon livre *Apprivoiser la mort*.

Si vous n'avez aucune idée de qui provient le message sélectionné, vous pouvez le demander. Il vous suffira, après la lecture du message, de fermer les yeux et d'en demander la provenance. Laissez remonter spontanément en vous un nom, un visage, une sensation.

Apprenez toujours à remercier votre défunt et votre ange gardien après avoir reçu leur message. La gratitude devrait toujours faire partie de notre vie.

Dans ce nouveau tome, j'ai ajouté à la fin du message choisi quelques explications supplémentaires qui vous permettront de mieux comprendre ce que le défunt essaie de vous dire.

Pour communiquer avec votre ange gardien

Invoquez votre ange gardien en lui demandant de participer à cet exercice. Prenez le livre entre vos mains, fermez les yeux et demandez à votre ange gardien de vous guider vers le meilleur message pour vous en ce moment. Vous pouvez aussi lui poser une question en lien avec une situation que vous vivez. Restez concentré le temps de bien formuler votre demande.

Lorsque vous êtes prêt, ouvrez spontanément le livre à une page. Faites la lecture de la page de droite au complet. L'ensemble du message peut correspondre à ce que vous vivez en ce moment. Vous pouvez aussi trouver votre réponse dans un paragraphe ou une seule ligne.

Si une ligne ou un paragraphe vous attire plus que les autres, c'est que la réponse se trouve à cet endroit, et c'est sur ces lignes que votre ange gardien veut attirer votre attention.

Pour communiquer avec votre âme

Prenez le livre dans vos mains et prenez quelques inspirations. Fermez les yeux et posez votre question, à voix haute ou intérieurement. Quand vous avez terminé, ouvrez spontanément le livre, faites la lecture de la phrase qui se trouve à la page de droite, tout en bas, sous la ligne horizontale. Votre réponse s'y trouve.

Si la réponse ne vous plaît pas ou que vous ne la comprenez pas, vous ne devez pas poser une autre fois la question. Cela veut dire que vos énergies et votre réceptivité ne sont pas au rendez-vous. Déposez plutôt le livre et attendez au lendemain pour poser à nouveau votre question. Et si le lendemain vous avez le même genre de réponse, eh bien, il vous faut vous faire à l'idée: votre âme vous parle.

QUAND VOUS SERVIR DE CE LIVRE ?

Faites-le dès que vous en ressentez le besoin, à partir du moment où une question surgit à l'intérieur de vous et où vous désirez recevoir une réponse rapide. Si vous avez besoin de recevoir un appui, un encouragement de la part d'un défunt, ou si vous souhaitez savoir s'il est bien maintenant qu'il est dans l'au-delà, utilisez ce livre et vous le saurez.

Si vous ressentez le besoin d'être guidé ou de comprendre une situation précise de votre vie, prenez ce livre afin d'établir un dialogue avec votre ange gardien et de prendre des décisions éclairées.

Vous pouvez utiliser ce livre aussi souvent que vous le désirez. Je vous le répète : c'est un outil vraiment très puissant et facilement accessible. Plus besoin d'attendre de prendre rendez-vous avec un médium ou un clairvoyant, vous obtenez vos réponses immédiatement.

APPRENEZ À DÉVELOPPER VOTRE INTUITION

Grâce à ce livre, vous pouvez aussi apprendre à développer votre intuition. Installez-vous confortablement, avec ce livre entre vos mains, et fermez les yeux. Prenez de bonnes inspirations et videz votre mental. Concentrez-vous sur votre respiration pour rester dans le moment présent. Faites-le pendant quelques instants.

Lorsque vous êtes calme et détendu, toujours en gardant les yeux fermés, ouvrez le livre spontanément à une page quelconque. Placez votre main droite sur la page choisie et laissez monter à l'intérieur de vous des images reliées au message choisi. Laissez monter tranquillement les différentes sensations et émotions, les mots qui effleurent votre esprit. Faites-vous confiance.

Pratiquez l'exercice durant quelques minutes et mémorisez bien ce que vous recevez comme informations. Ensuite, ouvrez les yeux et faites la lecture du message. Maintenant, reliez vos intuitions avec le message pour établir des parallèles.

PARTAGEZ LE LIVRE !

Utilisez ce livre aussi souvent que vous le désirez ! Partagez-le avec vos amis, vos collègues, les membres de votre famille. Au travail, prêtez-le à vos clients, à vos patients, afin de confirmer leurs intuitions, leurs décisions, ou de leur permettre de recevoir un message positif de la vie.

Gardez toujours ce livre près de vous, il vous sera très utile !

Attention, ce livre peut créer une dépendance!
Mais utilisez-le sans modération!

Vous désirez aller plus loin ? Apprendre à développer des techniques et des méthodes qui ont fait leurs preuves auprès des milliers de gens que j'ai aidés ? Rendez-vous sur mon site Internet : marylenecoulombe.com.

Bonne lecture, bon message !

J'aimerais te dire…

« Ah, maintenant que je t'ai trouvée (rire), je peux passer par ici pour te laisser un message ? C'est facile (rire) ! Pauvre toi, tu te donnes beaucoup de *trouble* (tu en fais beaucoup) !

Oui, je vais bien, même très bien. Dernièrement, je l'ai aidée. Elle est arrivée ici un peu perdue, je la soutiens encore et ça me fait du bien à moi aussi. Que veux-tu, on rationalise tellement toute notre vie que lorsqu'on arrive ici, on ne comprend plus rien !

Toi, tu es jeune, ça va bien, mais fais attention (rire). Tu vas voir, on s'arrête vite quand tout se met à aller mal. Je viens te voir de temps en temps, mais comme tu es dans ton monde, je ne veux pas te déranger. Mes moments précieux avec toi, c'est quand tu dors ou quand tu manges debout près du comptoir (rire). Une vraie girouette ! Tu es toujours en train d'aider quelqu'un (rire). Et puis, est-ce que ça s'est arrangé ton histoire avec ton collègue (ami) ?

Tu es tellement *fine* (gentille) ! J'avais peur de mourir, mais je n'étais plus bien sur terre. Si j'avais su que c'était beau comme ça ici, je me serais laissé aller bien avant ! De toute façon, ils ne pouvaient plus me ramener, c'était mieux ainsi. Ne sois pas triste pour moi, ne pleure pas, je suis là, près de toi.

Je t'aime, ma belle fille. »

Quelques explications supplémentaires de Marylène
Votre défunt est dans sa lumière et il va bien. Il aide présentement une personne qui vient de décéder. Votre être cher ne veut pas vous déranger, il reste discret. Il vous explique aussi qu'il ne pouvait rester sur terre, sa mission de vie étant terminée.

Ton ange aimerait te dire...

« Il serait plus sage d'attendre un autre moment pour prendre ta décision ou pour poser cette question. Tu es émotive et tu ne vois pas les choses de la bonne façon. Ton ego t'empêche de considérer les autres solutions possibles.

Il veut contrôler ce qui se passe et ce qui t'arrive. Il veut ton bien, il veut t'empêcher de souffrir, mais au bout du compte, c'est ce qui risque de se produire, car il ne connaît pas toutes les possibilités qui s'offrent à toi. Il a peur et il te fait ressentir ses craintes.

Cet ego a sa raison d'être à l'intérieur de toi. Il te faut trouver l'équilibre entre ce qu'il t'aide à accomplir et ce qu'il t'empêche de réaliser. Il faut parfois cesser d'analyser, d'avoir peur et de craindre le futur. Il importe plutôt de foncer et d'oser.

Je suis à tes côtés pour veiller sur toi. Tu vivras des expériences, parfois belles et satisfaisantes. À d'autres moments, ce sera tout le contraire ; elles seront difficiles et souffrantes. Peu importe, je t'accompagnerai dans tout ça. »

Conseil de ton ange gardien : Fais la paix avec ton ego. Ne cherche pas à le chasser, à le faire taire ou à l'ignorer : il fait partie de toi. Donne-lui sa place, discute avec lui ; c'est comme un enfant qu'on doit élever, à qui l'on doit enseigner comment se comporter. Ton ego est en toi ; il est une partie de ton âme qui est venue expérimenter le plan physique.

J'aimerais te dire...

« Salut (rire) ! Tu pensais que je n'allais pas venir ! Je l'ai fait pour toi, juste pour toi, pour que tu arrêtes de te morfondre ! Eh bien, je ne pensais pas que tout ça existait pour vrai.

Heureusement que tu m'as parlé de ces affaires-là, je suis sûr que ça m'a aidé. Je t'en ai fait vivre, des émotions ! Et j'ai trouvé le tour de t'en faire vivre encore ! C'est certain que je suis à côté de toi, là, en ce moment ! Tu peux me sentir (chaleur).

Je ne vais pas vous oublier ; vous êtes ce que j'ai de plus important. Elle était bizarre, cette vie-là ! Je ne veux pas que tu penses que je me suis sauvé, non. Et puis, surtout, ne crois pas que je vous ai abandonnés.

Je m'excuse si je t'ai fait peur, dans la maison ; je ne voulais pas. C'est parce que je n'avais pas compris que j'étais mort, et j'essayais de revenir. Je souhaitais continuer de prendre soin de toi, moi. Je vais maintenant le faire d'où je suis.

Tu es *cute* (mignonne) avec ta nouvelle *jaquette* (robe de nuit). Oui, il y a bien des choses qui ne se sont pas passées comme je voulais. Il est trop tard pour reculer. J'aurais dit non à ça, c'était trop.

Mais ce que je ne changerais pas, c'est nous deux ! Continue d'y croire, continue d'essayer, ça va marcher ! Je t'aime, et puis j'y crois ! »

Quelques explications supplémentaires de Marylène
Vous avez bien fait de croire en la vie après la mort ; cela aide ce défunt à cheminer dans l'au-delà. Tout de suite après son décès, il ne semblait pas savoir que sa vie était terminée. Maintenant, il le sait, car il évolue dans sa lumière.

Ton ange aimerait te dire...

« La vie est ce qu'il y a de plus important en ce moment pour toi. Laisse-la t'emporter, laisse-la couler en toi. Tu as choisi de venir sur terre pour vivre des expériences, vis-les.

Je ne suis jamais loin de toi. Il te suffit d'avoir une pensée pour moi et me voilà prêt à t'aider. À t'aider à cheminer sur le plan terrestre.

Tu peux trouver cela difficile, je le reconnais. Tu peux maugréer, rouspéter ou bien être en colère, cela ne change rien à mon rôle de gardien. Je suis avec toi dans les meilleurs moments comme dans les mauvais.

Maintenant, allez, hop ! Reprends-toi, ressaisis-toi et fonce dans la vie. Elle n'attend plus que toi pour t'offrir ce qu'elle a de mieux. Chaque expérience, chaque situation t'amène à faire des choix qui te font évoluer. Sois consciente et à l'écoute de ce que ton âme te souffle avant de prendre une décision. »

Conseil de ton ange gardien : Tu peux trouver ta vie difficile, ces temps-ci, ou souffrir d'une situation en particulier. Sache que je suis au courant et que je veille sur toi. Fais seulement de ton mieux pour être fière de toi-même.

Si tu fais une action, tu seras aidé.

J'aimerais te dire...

« Je ne peux pas te parler de mon décès. Mais je peux te parler de plein d'autres choses, si tu veux (rire) !

Tu en as mis du temps avant de vouloir me parler ! Réellement, je veux dire ! Avant, tu as essayé des trucs, mais il y a quelque chose qui t'empêchait de vraiment y croire. Tu avais la trouille (rire) ! La trouille que je te réponde et que ça te fasse peur (rire) !

Je n'ai pas grandi, si c'est ce que tu te demandes. Mon âme évolue et je comprends de plus en plus de choses grâce à ma dernière mission sur terre. Oui, elle s'est terminée abruptement. J'en ai gardé des séquelles, que je vais devoir régler dans ma prochaine vie, ce qui n'est pas pour tout de suite. Je dois m'y préparer, et ce n'est pas une mince affaire, crois-moi !

Assez parlé de moi (rire) ! Je t'envie parfois (soupir). Tu as encore la chance d'évoluer dans la matière. Tu es sur le terrain fertile des émotions. Je suis présent à toi. De plus en plus télépathiquement. Et, oui, c'est plus facile au plan des énergies.

Je m'ennuie aussi de toi. On s'ennuie beaucoup l'un de l'autre. Je suis en contact avec notre père. J'essaie de l'aider à alléger ses souffrances. Ne doute jamais un instant de ma présence dans ton cœur. »

Quelques explications supplémentaires de Marylène
Votre défunt ne veut pas parler des circonstances de son décès. Il a besoin de temps (énergies) pour comprendre ce qui lui est arrivé. Il est davantage tourné vers vous et ce que vous vivez que vers lui et ce qui lui arrive. Adressez-lui des prières et dites-lui de continuer d'évoluer vers sa lumière.

Ton ange aimerait te dire...

« La prière. Elle t'apportera la paix et la sérénité. Décharge-toi de ton fardeau en priant. Nous entendons tes prières, tes demandes, et nous faisons notre possible pour les exaucer. Toi seule as le dernier mot sur ce que nous te manifestons.

Tu as le pouvoir de décider si tu acceptes nos solutions ou si tu préfères chercher encore une meilleure façon de faire. Ouvre grand tes yeux et tes oreilles. Nous continuons sans relâche à nous manifester à toi ; nous sommes tes guides et ton ange gardien. Nous formons une équipe afin de répondre au mieux à ce que tu souhaites ardemment au fond de toi.

Prends quelques instants pour t'arrêter et te demander ce que tu veux réellement. Tu commenceras par entendre cette petite voix qui te dit que tout n'est pas terminé, qu'en ce moment, ce n'est pas la fin, qu'il existe d'autres solutions.

Ensuite, regarde autour de toi et vois les occasions favorables que nous plaçons sur ta route. »

Exercice : Retire-toi dans un lieu tranquille et ferme les yeux. Concentre-toi sur le problème que tu vis actuellement. Ferme les yeux et demande-moi ce que tu dois faire ou ce qui est le mieux pour toi. Écoute ta petite voix intérieure, sans jugement et sans analyser.

J'aimerais te dire...

« Salut ! Je ne sais pas trop ce que je fais là... (un peu confus). Tu te demandais comment faire pour me comprendre ? Maintenant, je sais ce que tu voulais dire (rire) ! Je suis bien. Oui, j'essaie d'aller vers vous, mais je ne comprends pas encore tout.

Ma famille est importante. Je me rétablis pour vous et grâce à vous. Je ne comprends pas encore tout ce qui s'est passé. Et je sais que je ne voulais pas comprendre avant non plus (rire) !

Je m'en veux beaucoup de vous avoir laissés avec tout ça. De t'avoir laissée avec tout ça. Tu prenais une grosse place dans ma vie et j'en étais heureux. J'ai des regrets, beaucoup de regrets. C'est là où j'en suis, à essayer de tout comprendre ça. J'essaie de clarifier les choses (rire) ! J'analyse, mais je n'ai pas mon mental (esprit logique) pour m'aider (rire). C'est mon cœur qui tente de se faire comprendre (rire), et je dois m'habituer.

Je t'aime tellement ! Je vous aime tellement ! C'est ce que j'ai le goût de vous dire en ce moment.

Je reviens souvent à la maison. Pendant un moment, je me dis que rien de tout ça n'est réel, et lorsque je le réalise, je m'enfonce dans un trou noir. Ce sont mes émotions. J'essaie de les maîtriser. »

Quelques explications supplémentaires de Marylène
Votre défunt a besoin de vos prières, car par moments, il est encore dans la confusion. Il ne réalise pas toujours qu'il est décédé. Il avance tranquillement vers la lumière, ce qui est un bon signe.

Ton ange aimerait te dire...

« La liberté. Tout être humain aspire à la liberté. Si tu la cherches à l'extérieur de toi, tu fais fausse route. La liberté est à l'intérieur de toi, dans ta tête. Personne ne peut te dire quoi penser ni ne peut entendre ce que tu te dis.

Si tu comprends cela, tu seras un être libre. La situation que tu vis actuellement te prive de ta liberté ? Tu sembles penser que tu ne peux rien faire, que tu dois subir les choix des autres. Vu de l'extérieur, c'est possible. Cependant, ce que tu vis à l'intérieur t'appartient. Il n'y a que toi qui peux décider de vivre ces émotions.

Ta mission t'amène à côtoyer d'autres êtres humains. Tu ne peux être celle qui dirige tout, tout le temps. Tu dois accepter par moments le choix des autres et suivre les règles, mais cela ne veut pas dire qu'ils ont raison. Ils peuvent entraver ton parcours, mais jamais tu ne perds complètement ta liberté, car la vraie liberté est dans ton esprit. »

Conseil de ton ange gardien : Ne te laisse pas influencer par les comportements des gens autour de toi. Fais ce que tu crois être le mieux pour toi. Et parfois, oui, tu dois apprendre à te taire et à accepter le choix des autres. Change de direction, apprends à faire tes propres choix et assume-les.

J'aimerais te dire…

« Bonjour à toi. Tu es encore bien vivante sur la terre et j'en suis heureux pour toi. Pour moi, ce n'est pas encore tout réglé dans ma tête.

Je vais bien, ne t'inquiète pas (rire). C'est juste long. Le temps de m'habituer à ce nouvel état.

Merci pour tout ce que vous avez fait pour moi. Oui, je te vois prier, c'est beau ce que tu fais pour nous tous. Eh oui, il y a des âmes plus évoluées que d'autres. On s'entraide, c'est ça qui est important.

J'ai parlé avec maman (soupir). Je sais maintenant tout ce qu'elle a traversé. Pauvre maman ! Adresse-lui des prières à elle aussi, elle en a bien besoin.

Je découvre mon nouveau monde. Tranquillement. C'est incroyable tout ce que je laisse derrière moi. Beaucoup de choses inachevées. C'est triste. Mais je suis content d'avoir vécu ce que j'ai vécu. J'aurais voulu t'inviter plus souvent. Je m'en rends compte maintenant.

Merci d'avoir partagé cette vie avec moi. J'ai bien hâte de te retrouver et de partager un bout d'évolution encore avec toi. Merci de m'avoir écouté, ça m'a fait du bien. »

Quelques explications supplémentaires de Marylène

Votre défunt avance bien dans sa lumière. Vos prières l'aident assurément; il vous faut donc continuer. Il semble s'inquiéter pour une personne et vous demande de prier pour elle aussi, qu'elle soit décédée ou encore vivante. Votre défunt est en train de lire « le livre de sa vie » et de comprendre ce qu'il était venu faire sur terre.

Ton ange aimerait te dire...

« Qu'aimerais-tu que je te réponde ? Oui, j'ai une réponse pour toi, bien sûr, seulement, es-tu prête à l'entendre ?

Non, ce n'est pas la bonne chose à faire en ce moment. Tu as besoin de plus de temps pour réfléchir. Te décider maintenant ne ferait que changer le problème de place, mais ne le réglerait pas. Il y a une solution que tu n'as pas encore envisagée.

J'attends que tu sois prête avant de te montrer cette solution. Tu es prise dans ton passé, tu n'as pas confiance, tu crois que cela va recommencer. Quand tu te seras débarrassée de ces pensées, tu verras la solution que j'ai pour toi. Il y a de l'espoir, et oui, la situation pourrait être différente.

Il te faut faire un choix différent, oser foncer. Apprends à te faire confiance, à voir quelle belle personne humaine tu es et à percevoir toutes tes capacités. Dès que tu seras prête, je me manifesterai à toi et tu verras la solution qui t'aidera à aller plus loin. »

Exercice : Prends du recul face à la situation actuelle, observe ton comportement. Que fais-tu de répétitif ? Que t'apprêtes-tu à prendre comme décision ? Est-ce que tu as déjà pris cette même décision à un autre moment ? Quelles en avaient été les conséquences ? Est-ce cela que tu veux revivre ?

Tu y es déjà arrivé, alors oui, tu y arriveras encore.

J'aimerais te dire...

« Allô ! Pourquoi est-ce que tu m'appelles (rire) ? Je suis bien, ne venez pas me déranger (rire) !

Partir a été assez pénible. Comme arriver dans ce monde. Je n'aime pas ça, les changements d'étape ! Je compte bien rester où je suis pendant longtemps.

J'ai mon petit monde avec moi. On est tranquilles, on ne dérange personne. J'ai revu ma parenté.

Pourquoi êtes-vous curieux comme ça (rire) ? Vous ne devriez pas déranger vos morts (rire) ! On est assez bien maintenant !

Oui, j'ai compris beaucoup de choses concernant ma vie sur terre. Ça ne regarde personne (rire) ! J'ai de la peine pour les enfants. Ils vont avoir besoin d'être courageux encore. Prenez-en bien soin !

Oui, je viens te voir de temps en temps dans tes rêves. Tu es toute belle et tu rayonnes. Reste comme ça quand tu te réveilles dans ta vie de tous les jours. Je t'aime, ma fille, et je veille sur toi. Va te coucher, maintenant. Nous, on doit continuer d'évoluer ! »

Quelques explications supplémentaires de Marylène

Cette défunte n'aime pas être dérangée. En fait, elle n'apprécie pas qu'on prenne du temps pour elle, elle a de la difficulté à l'accepter. Ne vous arrêtez pas ! Prenez le temps de lui parler avant d'aller dormir ; son âme aime bien aller vous rejoindre pendant votre sommeil.

Ton ange aimerait te dire...

« Si tu es contente et heureuse, je le suis aussi ! Si tu es triste et malheureuse, j'ai de la compassion pour toi. Dans tous les cas, je suis à ton écoute. Tu n'es pas seule, j'aimerais que tu en sois consciente.

Mes bras te sont grand ouverts, tu peux t'y réfugier. Je ne te juge jamais. Quoi que tu penses ou que tu décides de faire, je ne suis pas là pour ça. Je suis là pour t'aider, te guider et te réconforter.

Tu es à la croisée des chemins ; regarder en arrière ne te rendra que nostalgique. Il te faut regarder devant toi et avancer. Il va toujours y avoir quelque chose ou quelqu'un qui t'attendra.

Cette relation à propos de laquelle tu te poses des questions, elle tire à sa fin. À toi de décider si tu veux l'étirer et souffrir, ou si tu choisis d'y mettre un terme et de voir ce que la vie a de mieux pour toi. »

Conseil de ton ange gardien: T'acharner à vouloir rester dans une situation ou une relation nuisible ne te conduira qu'à vivre des déceptions et du découragement. Ne comprends-tu pas que c'est terminé et que quelque chose de mieux t'est réservé ? Ose prendre la décision, ose te choisir !

Attends une autre journée pour poser cette question.

J'aimerais te dire...

« Salut ! Il était temps que tu arrives (rire) ! Je t'attendais. La mort ? Comment je te dirais ça ? C'est beau, et puis ça fait du bien. Je n'ai plus peur, maintenant, c'est certain. Je suis bien, ouais, très bien !

J'ai encore des *bibittes* (difficultés) dans ma tête (rire), mais ça, c'est une autre histoire. Je suis en train d'étudier ce que j'appelais, moi, l'injustice.

J'ai besoin de savoir, de comprendre. Ce n'est pas tous les jours que j'ai de la belle visite comme la tienne ! Merci à toi de te préoccuper de moi. Je te reconnais bien, tu es fidèle !

Je découvre tellement de choses ici. J'ai beaucoup de réponses à mes questions, enfin ! Je pourrais en partager une ou deux avec toi, c'est vrai (rire) !

L'eau, par exemple. Il faut que tu en prennes bien soin. Elle amène avec elle son énergie, mais attention, il faut qu'elle soit propre ! Lorsqu'elle est traitée, elle est triste et pauvre. Les lacs, les rivières étouffent. Plus tu trouves de la bonne eau, plus tu vas être en santé ; c'est important.

Il y a bien d'autres choses comme ça ! Si tu reviens me voir, je pourrai t'en expliquer d'autres. Merci de penser encore à moi, ça me fait chaud au cœur. »

Quelques explications supplémentaires de Marylène

Un beau message ! Un défunt très actif dans l'au-delà. Il veut partager ses trouvailles avec vous. Vous pouvez entrer en contact avec son âme grâce à des exercices de méditation. Il pourra ainsi continuer à vous raconter ce qu'il apprend dans l'au-delà.

Ton ange aimerait te dire...

« J'adore te dire : j'avais raison ! Ha, ha ! Sans blague, tu vois maintenant que ta petite voix intérieure t'avait prévenue ? C'était la mienne. Je voulais t'éviter de souffrir ou que tu te sentes mal. Tu n'as pas écouté cette petite voix et tu as fait ton choix !

Je ne te juge pas, au contraire ! Cela montre que tu fais des expériences terrestres, et c'est ce que tu as choisi de venir vivre sur terre. Es-tu prête maintenant à ce que je t'aide ? Vas-tu écouter et suivre cette petite voix ?

Je sais que ce n'est pas évident. Tu as de la difficulté à avoir confiance en cette petite voix. Et pourtant ! Te souviens-tu, une fois, de l'avoir écoutée et de t'être sentie soulagée, heureuse ? Ça peut être ainsi chaque fois, si tu le veux.

Souviens-toi : tu as en toi tout ce qu'il faut pour être heureuse. Tu possèdes toutes les réponses à tes questions pour faire les meilleurs choix et vivre une vie plus douce. »

Exercice : Ferme les yeux et pose une question. Laisse remonter spontanément en toi une réponse, sans forcer, sans analyser, sans penser. Écoute simplement la réponse. Tu seras étonnée de la vitesse à laquelle cette réponse monte en toi et de sa justesse. Apprends à faire confiance à cette petite voix ; elle te sera très utile lorsque viendra le temps de prendre une décision importante.

J'aimerais te dire...

« Je te reconnais bien là (rire) ! Et je suis content ! Tu viens souvent me parler, mais pas comme ça ! Je ne suis pas très à l'aise, mais pour toi, je peux faire ce petit effort (rire) !

Tu le sais que je vais bien. Oui, j'ai vu tout le monde. J'ai fait tout ce que j'avais à faire. Maintenant, je l'attends, elle, avant de continuer mon chemin.

Depuis que je suis parti, il m'arrive de venir te visiter. Tu dors quand ça arrive. C'est beaucoup plus facile pour moi. Vous me manquez encore maintenant, mais c'est plus facile d'attendre parce qu'on sait que ça va arriver.

J'ai compris pourquoi tout est arrivé ! J'en avais besoin pour comprendre des choses. J'aurais voulu être conscient de tout ça avec ma tête avant qu'il ne soit trop tard. De mon vivant. Mais non, je ne l'ai saisi qu'en arrivant ici.

Ne fais pas la même chose que moi, libère-toi ! Jette ce que tu ne veux plus. Allège-toi, concentre-toi sur ce qui est vraiment, vraiment important.

Ne ferme pas la porte sur cette sensibilité que tu as ; au contraire, sers-t'en pour continuer de parler avec moi.

Merci de croire à tout ça, merci d'y croire sincèrement ! »

Quelques explications supplémentaires de Marylène
Ce défunt n'est pas à l'aise d'être canalisé par un étranger. Il vient vous voir pendant votre sommeil, alors prenez des notes de ce dont vous vous souvenez à votre réveil. Il vous suggère de vous concentrer sur les choses importantes de la vie. Et surtout, il vous encourage à continuer d'essayer de voir ses signes et ses manifestations, et à croire en vos capacités.

Ton ange aimerait te dire...

« Quand apprendras-tu à te faire confiance ? Tu es une bonne personne. Bien sûr, tu vis des émotions qui te font te sentir coupable. C'est tout à fait normal, tu es un être humain venu apprendre des leçons.

Il t'arrive de commettre des erreurs ; tu n'as pas à t'en vouloir ou à te dénigrer. Assume les paroles que tu as dites et les gestes que tu as posés, car au fond de toi, ce que tu voulais vraiment, c'est te manifester. Tu dois seulement apprendre à maîtriser comment tu vas régler la situation. Il existe sûrement des actions et des mots différents que tu peux employer pour être fière de toi.

Regarde devant toi, maintenant, et relève la tête. Ce qui est dit est dit, ce qui est fait est fait. Que vas-tu faire maintenant ? Que peux-tu accomplir de mieux ? Il t'appartient que ta prochaine parole ou ton prochain geste soit rempli d'amour et de compassion. Répète-toi que tu es une bonne personne et que tu peux faire le bien autour de toi. »

Conseil de ton ange gardien : Rien ne sert de t'apitoyer sur ton sort. Relève-toi et recommence. Lorsque tu auras compris la leçon, cela ne reviendra plus dans ta vie ; tu en seras libérée et d'autres expériences t'attendront. L'amour fait des miracles !

Oui, certainement.

J'aimerais te dire...

« Merci de t'être dépêché d'agir. Ça fait du bien. Je suis maintenant confiant que tu vas bien t'en sortir, tu me le montres chaque jour. Oui, tu as encore de la peine ; moi aussi, c'est normal.

Je me sens plus léger depuis quelque temps. Moins attiré vers la terre. Mon évolution est réellement commencée. Merci de me faire confiance. Tu le sais que je ne t'abandonnerai pas. On revient de loin, nous deux ; on en a vu, des affaires ! On a toujours été ensemble.

Je m'efface tranquillement de la terre. Il ne reste que des souvenirs de moi, bien vivant, dans les mémoires. Je ne regrette plus rien, j'avance. Je ne t'oublierai jamais, il ne faut pas que tu t'inquiètes.

Ici aussi, on fait des prières. Je peux t'aider en énergie. Tu le mérites (rire) ! Je veux dire pour tout l'amour que tu démontres. Tu rayonnes encore plus.

Merci pour cette lumière (chandelle). Elle nous fait beaucoup de bien. N'abandonne surtout pas. Je t'embrasse et je te serre très fort contre moi. Je t'aimerai toujours ! »

Quelques explications supplémentaires de Marylène

Votre défunt est fier de vous. Il voit à quel point vous cheminez dans votre deuil. Il avance dans sa lumière et ça ne l'empêche pas de veiller sur vous. Il vous aide en vous envoyant de l'énergie par la prière. Soyez en gratitude envers cet être cher.

Ton ange aimerait te dire...

« Ne baisse pas les bras, tu y arrives. Je sais que ce n'est pas facile de tout comprendre, de tout accepter. Tu y es presque. La vie ne t'a pas épargnée, je te le concède. Mais vois l'être humain que tu es devenue aujourd'hui !

Tu es forte, courageuse, et tu ne crains pas d'avancer. Regarde tout le chemin que tu as parcouru jusqu'à maintenant; tu ne vas pas abandonner ? Puise dans ce courage toute l'énergie dont tu as besoin pour continuer.

Je suis à tes côtés, je suis fier de toi et de ce que tu accomplis chaque jour. Par ce message, je suis venu te dire de persévérer, que tu es au bon endroit et au bon moment. Surveille mes signes d'encouragement autour de toi.

Rappelle-toi surtout pourquoi tu as commencé cette quête et ce que tu espérais trouver à la fin. Ravive ce rêve afin de poursuivre ta mission. Tu es capable ! »

> *Exercice : Prends une feuille de papier et écris ton rêve, ton but. Ensuite, trace deux colonnes. Dans la première, écris ce que tu as fait jusqu'à présent et qui a fonctionné. Dans la deuxième colonne, écris ce que tu as fait et qui n'a pas fonctionné. Relis ce que tu as écrit sur ta feuille et choisis de faire ce qui a fonctionné, ce qui t'a permis d'avancer. Ne recommence pas ce qui n'a pas fonctionné, cela ne fonctionnera jamais, car ce n'est pas pour toi dans cette vie.*

Encore un peu de patience.

J'aimerais te dire...

« Chère fille, je suis très heureuse de te parler. Je m'étonne de ce qui peut se passer en si peu de temps ! Depuis mon départ, plusieurs choses ont changé. Heureusement, pas toi (rire) ! Je veux dire ta personnalité, ton intégrité.

J'ai vu tout le mal que tu t'es donné avec lui, pour lui. Ne t'en fais pas, c'est souvent comme ça. Bien heureusement, quand tu es ici, tu comprends mieux tout ça, et surtout pourquoi tu le fais. J'en profite pour te remercier comme il faut pour tout ce que tu as fait pour moi.

Merci, c'était très joli, tu as vraiment choisi des choses qui me ressemblent (rire). Tes belles grandes filles ! Je suis présente avec vous toutes, je ne me lasse pas de vous écouter me parler.

J'ai de la musique où je suis. Si on veut, c'est tous les jours le plaisir et les belles activités (rire). Je revois maman. C'est moi qui l'aide à cheminer maintenant. Elle a beaucoup de difficulté à se pardonner certains passages de sa vie sur terre.

Je continue de prier pour vous. Vous êtes tous si précieux à mes yeux. Je vais tous vous attendre bien sagement ! »

Quelques explications supplémentaires de Marylène

Cette défunte est bien dans sa lumière. Elle aimerait parler davantage avec vous. Elle continue de suivre votre évolution de là où elle est tout en continuant, elle, de cheminer dans sa dimension.

Ton ange aimerait te dire...

« Je suis fier de toi. Fier de que tu fais et de ce que tu dis. As-tu remarqué dernièrement que tu es plus près de moi ? Que tu me questionnes plus souvent ? Tu es plus attentive et plus à l'écoute des signes, bravo !

Ton ouverture spirituelle est de plus en plus grande. Tu as besoin d'être encouragée, et c'est ce que je fais actuellement. As-tu pensé à travailler avec les pierres ? Avec les cristaux ? Il se dégage de ceux-ci une énergie incroyable que tu peux utiliser pour t'aider à maximiser davantage tes capacités.

Choisis-les comme tu le sens. En les prenant dans tes mains spontanément ou en te renseignant sur leurs propriétés. Je peux te guider sur celles dont tu as besoin en ce moment, si tu le souhaites. Tu n'as qu'à me le demander.

J'aime beaucoup notre complicité. Nous formons une belle équipe, toi et moi ! »

Conseil de ton ange gardien : Si tu n'avais pas encore pensé aux pierres, je te conseille maintenant d'y songer. Elles peuvent t'aider à mieux comprendre ou à mieux vivre la situation à propos de laquelle tu as posé ta question. Les pierres et les cristaux sont des outils qui t'aideront à grandir alors qu'ils partageront leur pouvoir avec toi.

Si tu donnes autant que tu demandes, tu l'auras.

J'aimerais te dire...

« Je ne sais pas comment tu fais ! Tu es juste folle (rire) ! Je te dis que tu l'a choisie, ta mission de vie, toi ! En commençant par nous autres, ta famille (rire) ! J'étais conscient que ça n'allait pas toujours bien et je pensais que c'était comme ça partout. J'ai fermé les yeux sur bien des affaires dans ma vie. Surtout en dernier, je n'avais plus le goût de me battre.

Alors que je te vois aller et que c'est très difficile pour toi. Je suis fier de te voir progresser. Si j'avais eu seulement le quart de ton énergie et de ton courage (soupir) ! J'ai voulu être fort, pour toi, pour la famille. J'ai essayé, mais ce que j'ai gardé par en dedans m'a rendu malade. Ne fais pas comme moi là-dessus !

Tu peux me parler aussi souvent que tu veux, tu ne me déranges pas. Je te regarde aller avec ton enfant et je suis ému, mais pas surpris. Tu es super (rire) ! Ce que je donnerais pour être avec toi quand tu es à la cuisine et que je te vois lui parler comme à un grand ! Je sais que parfois, tu voudrais disparaître, et qu'une chance qu'il est là pour te retenir. C'est probablement une partie de ta mission ! »

Quelques explications supplémentaires de Marylène

Ce défunt se veut encourageant. Il vous dit qu'il voit les efforts que vous faites pour vous en sortir. Il vous invite à vous confier à lui quand vous sentez que ça ne va pas bien. Il vous dit aussi que vous prenez bien soin d'une autre personne, que vous êtes un bon parent.

Ton ange aimerait te dire...

« La nuit, lorsque tu dors, je t'accompagne dans ton sommeil. C'est le moment où ton âme choisit de venir se ressourcer. Tous les deux, nous marchons et nous parlons de ta vie sur terre. Je t'explique où tu en es avec ta mission. Je t'aide à trouver des solutions.

Ces rêves ne sont pas futiles ; ils sont au contraire très importants. Tu peux apprendre à te souvenir de tes rêves et à te rappeler les solutions qu'on a trouvées ensemble. Tu peux être plus consciente de tout cela.

Parfois, lorsque tu es réveillée, tu n'entends pas mes réponses ; tu es moins réceptive que la nuit. C'est pourquoi je t'invite à te concentrer davantage sur tes rêves, à les écrire pour mieux t'en souvenir.

Bien sûr, certains rêves peuvent te paraître illogiques. Nous voulons attirer ton attention sur une situation précise, car nous souhaitons que tu comprennes pourquoi tu l'expérimentes et surtout, ce que tu dois faire pour résoudre le problème causé par cette situation. »

Conseil de ton ange gardien : Avant d'aller dormir, dis *À mon réveil,* je me souviendrai de mes rêves. À ton réveil, prends un journal pour écrire tes rêves. Tu n'as pas besoin de tout analyser, tu peux simplement les écrire. Tu verras alors remonter en toi les solutions que tu attends depuis des lunes !

J'aimerais te dire…

« Salut, ma belle fille, comment vas-tu (rire) ? Oui, je suis bien arrivé. Là où il le faut. Je veux tout de suite que tu saches que je n'étais pas heureux de vous quitter ; je m'inquiétais pour vous tous. C'est pour ça que j'ai tenu le plus longtemps possible en dehors de mon corps. Une partie de moi voulait revenir, et mon âme avait hâte de quitter le plan terrestre, épuisée d'être dans ce corps physique.

Je te tends la main avec ce message. Bien évidemment que je souhaite encore communiquer avec tous ceux qui le voudront ! Ça a toujours été spécial entre toi et moi, et ça continue de l'être ; cette communication en est la preuve.

Maintenant, je peux comprendre ce que tu essayais de me dire à propos de ma dernière relation. Je peux voir comment est cette personne aujourd'hui ; je réalise comme elle était souffrante. Et je suis désolé de vous avoir imposé cela.

Je suis sensible à ta peine. Moi aussi, j'ai beaucoup d'émotions qui m'envahissent lorsque je vais vers toi. Par-dessus tout, je veux que tu saches que tu es importante pour moi, que je suis plus que fier, que je t'aime et que je voudrais pouvoir te serrer dans mes bras. Et aussi que je vais toujours être là pour toi. »

Quelques explications supplémentaires de Marylène

Ce défunt est vraiment content que vous preniez le temps de vous demander comment il va. Il a des regrets qu'il partage avec vous. Il est conscient de votre peine et vous rappelle que lui aussi a encore des émotions. Il est très présent auprès de vous et veille sur vous.

Ton ange aimerait te dire...

« La musique ! Quel merveilleux pouvoir elle possède ! Elle a le pouvoir de modifier tes vibrations et ton état d'esprit. Elle peut t'apporter une façon de t'exprimer et d'extérioriser ce que tu ressens.

Elle a aussi le pouvoir de te fournir la réponse à ta situation, à ton problème, à tes questions. Tu en doutes ? Tu ne devrais pas. Nous pouvons influencer la musique, nous pouvons la faire arriver jusqu'à toi. Au cours de ta journée ou dans tes rêves... Ne t'es-tu jamais levée un matin avec une mélodie en tête ?

Écoute les paroles qui ont été ajoutées à la mélodie, c'est elle qui les transporte jusqu'à toi. Lorsque les paroliers et les musiciens composent des chansons, nous sommes là pour les aider. Nous voulons que la musique et les paroles puissent toucher le plus grand nombre possible de personnes.

Ne sous-estime jamais le pouvoir de la musique. C'est un outil qui est à ta portée lorsque tu ne comprends pas une situation ou que tu n'entends pas ta voix intérieure. »

Exercice : Concentre-toi sur une question ou un problème actuel. Demande-moi ce que tu devrais faire ou ce que tu devrais en penser. Trouve un appareil qui diffuse de la musique et ouvre-le. Écoute attentivement les paroles de la chanson qui joue, c'est une des façons que j'ai pour te parler dans ton monde physique.

Non, ce n'est pas pour tout de suite.

J'aimerais te dire...

« Tu voulais que je te le dise : ne fais jamais ça ! C'est pire que tout, pire que l'enfer que je vivais sur terre ! Alors je te préviens, ne t'avise pas d'y penser une seule minute !

On ne peut pas savoir tant qu'on ne l'a pas vécu. Ça a été difficile pour moi. J'ai crié, crié, personne ne m'entendait. Mais ça m'a fait du bien. Toute cette mauvaise énergie qui est sortie de moi ! Ça n'arrêtait plus ! Quand je me suis aperçu de cela, c'est à ce moment que j'ai commencé à guérir.

L'énergie ! C'est incroyable ce qu'elle peut faire ! Tu dois te concentrer là-dessus. J'aurais aimé le comprendre de mon vivant. Je la canalisais, mais je me suis fait mal avec elle. Personne n'est responsable de ce que j'ai fait, à part moi. Aujourd'hui, je sais.

C'est l'enfer d'être pris dans notre tête et de croire à ce que l'on pense être sa voix intérieure. C'est loin d'être ça, la voix intérieure. La mienne criait de ne pas faire ça, mais au point où j'en étais, il y a longtemps que je ne l'entendais plus.

Je t'en ai voulu, j'en ai voulu à la terre entière. Je me comparais sans savoir ce que vous viviez réellement au fond de vous-mêmes. Pardonne-moi. »

Quelques explications supplémentaires de Marylène

L'âme de ce défunt est encore un peu tourmentée. Il a des regrets, et ceux-ci l'empêchent d'avancer. Vous pouvez l'aider en lui disant d'apprendre à se pardonner. En lui parlant de belles choses qu'il a accomplies sur terre, afin de lui envoyer de l'énergie.

Ton ange aimerait te dire...

«La vie est belle... En fait, elle est ce que tu choisis d'en faire. Il y a des jours où c'est plus facile, et d'autres où ça l'est moins. Mais c'est la vie, et tu es venue expérimenter ce qu'elle peut t'offrir. Alors, à toi de rester recroquevillée dans ton lit ou bien de sortir et de l'affronter.

Quand tu retourneras dans l'au-delà, seule toi sauras si tu as fait de ton mieux à chaque instant. Seule toi sauras si tu as profité de tout ce que la terre pouvait t'apporter. Vois la vie comme un grand terrain de jeu: tu peux regarder les autres s'amuser ou bien participer à ces jeux!

Ne t'enlise pas dans la routine, expérimente de nouvelles avenues. Plus tu vis des expériences, plus ton âme accumule du bagage et plus elle grandit, elle devient sage. Oui, les changements font peur; ils te déstabilisent, mais ils ont leur raison d'être. Au lieu de rouspéter contre les changements, arrête-toi et demande-toi en quoi cela peut être bon pour toi de les vivre.»

Exercice: Imagine que ta vie est différente. Imagine que tu as la possibilité, la santé, l'argent ou le pouvoir de vivre une meilleure vie: à quoi ressemble-t-elle? Quelles sont les actions qui t'ont permis de vivre cette vie-là? Et maintenant, demande-toi ce qui t'empêche de poser des gestes pour obtenir cette vie.

Il est trop tôt, tout n'est pas encore arrivé.

J'aimerais te dire...

« Excuse-moi, je suis toute *mêlée* (embrouillée) (rire) ! Je suis encore un peu confuse (rire) ! Mais je suis bien, oh que je suis bien ! Je ne comprends pas pourquoi vous ne vouliez pas me laisser partir. J'avais fini.

Oh, j'aurais voulu vivre encore si j'avais eu une meilleure santé, ce n'est pas ça... Je suis tellement contente d'avoir retrouvé mes amours ! Il y avait si longtemps que je ne m'étais pas sentie aussi bien.

Merci pour tout le bien que tu m'as fait. Je t'ai tenue bien occupée, hein ? Maintenant, vous êtes retournés à vos vies, et c'est bien correct de même. Je ne m'ennuie pas. J'ai tellement à faire ici !

J'ai eu une belle vie sur terre, c'est ça que j'ai réalisé dès que je suis arrivée ici. Après que je suis partie, j'ai vu que tout était à l'envers. Vous avez bien fait ça. Je suis fière de vous.

Je n'ai plus de *misère* (difficulté) à respirer, je suis assez bien ! Fais des prières pour moi, j'en ai besoin. J'ai encore un travail d'émotions, moi, à faire ici (rire) ! Roger ne m'en veut plus. Je suis soulagée.

Là, tu vas me promettre de faire attention à toi. Je t'aime bien gros ! »

Quelques explications supplémentaires de Marylène
Votre défunte tente de vous dire qu'elle est réellement bien maintenant, là où elle est rendue. Vous pouvez cesser de vous inquiéter. Cette âme est en plein travail sur elle-même. Elle analyse son passage sur terre et elle a besoin de vos prières pour continuer de cheminer.

Ton ange aimerait te dire...

« Tu crois que le bonheur n'est que pour les autres ? Que toi, tu n'y as pas droit ? Tu te trompes. Tu as droit au bonheur, toi aussi, et je n'aspire qu'à t'aider à le trouver et à le faire ! Oui, tu as bien lu : tu peux faire ton propre bonheur.

Que souhaites-tu être ou avoir pour être heureuse, pour avoir la sensation du bonheur dans ta vie ? Je peux te guider vers les bonnes personnes et vers des situations qui vont te permettre de te réaliser. Ne vois-tu pas les signes que je t'envoie pour que tu puisses être heureuse ?

Chaque jour, des petits moments de bonheur t'arrivent. Tu ne les vois pas toujours et, lorsque tu les remarques, tu les oublies vite ; tu préfères te concentrer sur tes malheurs. Tu crois que cela t'aide à te sentir plus vivante. C'est faux. Tu n'es pas obligée de vivre ces malheurs pour apprendre tes leçons ; tu peux aussi les apprendre dans les moments de bonheur. Il faut simplement que tu te donnes le droit de les vivre toi aussi. »

Exercice : À la fin de chaque journée, fais le bilan de celle-ci. Écris dans un journal ce qui s'est produit, comment tu as réagi, tes émotions, tes états d'âme. Consacre un espace pour écrire tous les beaux moments vécus, mets l'emphase sur ceux-ci. Jour après jour, tu verras que le bonheur est à ta portée.

Pas tant que tu es indécise.

J'aimerais te dire…

« Salut ! Ça me fait du bien, tu ne peux pas imaginer ! J'en ai vu, des affaires. Ce n'est donc pas comme je pensais ! Mais je m'en suis souvenu assez vite (rire) !

En premier, je veux m'excuser de vous avoir fait vivre ces émotions. Je m'en suis voulu. Puis, un jour, j'ai compris ! Compris ce que je voulais faire en venant sur terre. J'ai pris le mauvais chemin, c'est ce qui a causé tout ça et qui a conduit à ma mort.

Je sais que tu peux comprendre en partie ce message. Tu m'as connu d'une certaine façon, mais j'étais aussi censé être différent (rire) ! Toi, je t'aime ! Et je suis content d'avoir évolué avec toi. C'est sûr qu'on va se parler quand tu vas être ici, certain, certain !

Mets de la musique, qu'on bouge ! J'aime ça quand tu chantes, quand tu es heureuse ! Il te fait du bien (homme), alors c'est OK pour moi (rire) !

Tu es tellement importante pour moi, tu continues de me faire du bien. Oui, je suis avec toi. Oui, je te prends dans mes bras. Tu peux rire de moi (rire) et dire aux autres que je suis là ; c'est toi qui as raison !

Je travaille sur moi, sur mon âme. J'en ai encore beaucoup à faire. Tu m'as donné de l'énergie, toi, aujourd'hui ! Merci ! »

Quelques explications supplémentaires de Marylène
Ce défunt est très heureux que vous ayez pensé à lui. Il va bien, il est dans sa lumière. Il est dans son cheminement personnel, en train de comprendre sa vie sur terre. Il parle de musique, alors soyez à l'écoute des chansons qui jouent autour de vous : il pourrait y avoir d'autres messages à travers les paroles de ces chansons.

Ton ange aimerait te dire...

« Je suis là pour t'aider. À l'occasion, je te place sur la route de certaines personnes, car elles peuvent elles aussi t'aider à apprendre tes leçons. C'est le pouvoir des relations. Plus tu rencontres de gens, plus tu apprends d'eux et plus ton âme grandit.

Ouvre-toi aux gens, n'aie pas peur d'être jugée. Les leçons qu'ils ont apprises eux-mêmes peuvent te servir. Grâce à eux, tu peux choisir de vivre toute leçon différemment, tu peux apprendre plus rapidement. Chaque personne que tu rencontres a quelque chose à t'apporter, écoute-la bien.

Vous êtes tous sur terre pour une mission. Vous êtes tous venus apprendre à devenir de meilleures personnes, les unes avec les autres. Plus vite tu auras compris cela, plus vite tu accompliras ta mission de vie et plus ton âme sera évoluée.

Fais la paix avec ceux qui t'entourent. Ne reste pas dans les émotions négatives, comme la haine et le ressentiment. Tu n'y accumules que du karma négatif qu'il te faudra tôt ou tard régler. »

Conseil de ton ange gardien: La prochaine fois qu'une personne te dérangera, observe ce qu'elle vit, son comportement, ses manières. Elle est ton reflet, elle est là pour te faire comprendre quelque chose. Ne la repousse pas. Accepte-la et travaille avec elle à régler une situation dans ta vie.

J'aimerais te dire…

« Bonjour, toi. Je suis venue te voir, te parler ; tu en as besoin, je le sais. Je ne t'ai pas tout dit ce que tu avais besoin d'entendre de mon vivant. C'est après que j'ai compris. Une maman, ça ne veut pas voir souffrir ses enfants. Je m'excuse d'avoir pris tout ce temps pour venir te parler.

Tu en avais beaucoup sur les épaules, et je ne t'ai pas assez remercié. Pas autant que j'aurais dû. Je veux que tu arrêtes de te faire des reproches ; tu n'as plus besoin de ça dans ta vie. C'est moi qui dois te demander pardon. Je n'ai pas agi comme il aurait fallu.

Tu es un bon garçon, tu as un si grand cœur. Ta famille est chanceuse de t'avoir, j'espère que tu es heureux. Moi, je me berce et j'écoute de la musique. Je me repose. J'ai beaucoup de travail avec mes émotions, avec les choses que j'ai vues et que je n'ai pas dites. Je prie et je me répare (rire). C'est bien dit, ça, non ?

Tu m'as montré le chemin de ton cœur, mon fils, et c'est ça qui m'a donné la force de ne pas sombrer dans le noir. Tu m'as tendu la main, tu as été fort. Maintenant, c'est moi qui t'entoure d'une belle lumière d'énergie, de force et de courage. Je suis fière de toi. »

Quelques explications supplémentaires de Marylène

Cette âme nous parle de sa perception, de sa manière de voir les choses, et il faut la respecter. Accepter ses excuses. Elle vous donne des conseils, libre à vous de les suivre. Je vous suggère de lui demander de venir vous voir en rêve pour continuer cette belle discussion.

Ton ange aimerait te dire...

« Sèche tes larmes, calme ta peine. C'est beaucoup d'émotions pour toi, je le sais. Je suis là pour te réconforter, t'écouter et t'aider. Je comprends ce que tu vis. Tu vas y arriver, tu vas surmonter cette peine et cette souffrance.

Pour l'instant, tu as de la difficulté à me croire, mais je te dis que d'ici peu de temps, tout ira mieux. Écoute-moi, écoute mes conseils, remarque mes signes. Ce message en est un. Tu m'as demandé quoi faire, quoi penser : me voilà.

Pour commencer, concentre-toi sur toi-même. Que peux-tu faire pour aller mieux ? Qu'est-ce qui te ferait plaisir ? Il faut changer tes énergies, élever ton taux vibratoire. Passe à l'action tout de suite, fais quelque chose pour te changer les idées. Lève la tête et regarde autour de toi ; ferme ce livre et dirige-toi vers ce qui t'interpelle. Je te ferai un autre signe pour te guider. Aie confiance, tout va s'arranger. »

Conseil de ton ange gardien : Peu importe ce qui arrive, peine, joie, colère... je suis à tes côtés. Je sais ce qui t'arrive et je sais pourquoi. Tu peux compter sur moi et te défouler sur moi, je suis là pour ça. Parle-moi et fais des prières pour élever tes énergies.

Un peu en retard, mais oui à ta question.

J'aimerais te dire...

« Allô ! Oui, je te rassure tout de suite, je vais bien. Je suis encore en rémission ! Je prends le temps de tout comprendre, et on est nombreux comme ça. Je n'ai pas toute ma lumière encore, mais ça ne m'empêche pas de venir te voir (rire). Je préfère le faire dans tes rêves.

Parfois, j'ai froid, je manque d'énergie. Et là, tu penses à moi et ça me réchauffe. Bien sûr que non, je n'ai pas fini mon cheminement, je commence à peine (rire) !

Je suis bien contente d'avoir *débarrassé* (quitté) le plan terrestre (rire), mais j'ai beaucoup de regrets aussi. J'ai mon ange avec moi. Je l'envoie faire des commissions quand je ne peux pas le faire moi-même (rire) ! C'est le *fun* (c'est agréable) que tu aies pensé à moi ; ça me fait chaud au cœur et ça me donne encore plus d'énergie. Je sais que je peux encore compter sur toi. Merci d'être là !

J'ai fait ce que j'ai pu comme mère. J'aurais voulu être capable d'en faire plus. Maintenant, c'est à toi de connaître tout ça. J'ai tellement de regrets, si tu savais !

Ce que j'ai compris, c'est qu'il faut prendre le temps de bien vivre tout ce qui nous arrive. Alors, prends bien soin de ton temps. Fais ce que tu peux. Je suis avec toi en pensée. »

Quelques explications supplémentaires de Marylène

Bien que votre défunte soit en train de lire le livre de sa vie, elle vient vous dire qu'elle pense beaucoup à vous et s'inquiète à votre sujet. Elle veut que vous preniez le temps de bien faire vos choses. Adressez-lui des prières pour l'aider à canaliser ses énergies. Et quand elle ne peut le faire elle-même, elle demande à son ange gardien de l'aider.

Ton ange aimerait te dire...

« Je suis tellement fier de toi, fier de tout le cheminement que tu as suivi jusqu'à maintenant ! Tu as le droit de te poser et de prendre quelques jours de congé. Prends quelques jours pour toi, tu en as besoin. Il y a longtemps que tu n'as pas fait quelque chose juste pour toi et qui te rend heureuse.

C'était quand, la dernière fois ? Qu'est-ce que tu avais fait ? Ah, oui, je me souviens ! Il faudrait que tu recommences. J'aime te voir rire, te voir bien et voir tes énergies rayonner autour de toi.

Tu es exactement là où tu dois être, ni trop en avance, ni trop en retard sur ta mission de vie. Je veille au bon déroulement de ce que tu dois accomplir et je dois dire que tout va bien. Alors, pense un peu à toi pour pouvoir continuer tout ça. Allons profiter de la vie un peu ! »

Exercice : Arrête tout ce que tu fais en ce moment et planifie une sortie, un exercice ou un loisir qui te rend heureuse. Ne pense qu'à ton plaisir à toi sans te soucier des autres. Planifie le reste de ta journée ou le prochain week-end en pensant à toi. S'il le faut, dresse une liste comme tu le fais habituellement et engage toi envers toi-même pour passer au travers de celle-ci.

Une autre fois, peut-être.

J'aimerais te dire...

« Salut ! C'est avec toi que je veux parler, m'man ! La vie, c'est plus beau qu'on peut penser ! Tu n'es pas de mon avis ? Il m'en a fallu du temps pour arriver jusqu'ici. Tu as raison, la vie est injuste, parfois. Mais j'ai réalisé que c'est nous qui en faisons ce que nous voulons.

Je suis venu commencer une grosse mission. Je vais revenir la terminer, mais pas tout de suite. Ce n'est pas pour rien que je t'avais choisie, m'man. Merci, tu m'as tout donné. Tu m'as aimé comme je suis.

Désolé pour la mise en scène. Ce n'était pas voulu. Je veux que tu te souviennes de moi comme d'un gars heureux. Je viens te faire des coucous dans tes rêves, t'en aperçois-tu ? Je te chante des chansons (rire).

Il y avait plein de choses qui me faisaient peur dans la vie, je ne voulais pas grandir. C'est toi qui m'as aidé à traverser tout ça ! Je t'aime, ça c'est certain (rire). Il ne faut plus avoir de regrets, OK, m'man ? On va continuer d'avancer ensemble, on va se tenir par la main. On va y arriver. Pense à toi, fais les choses pour toi. C'est ça qui compte maintenant !

Je vous serre fort dans mes bras et, où je suis, je ne vous oublie pas ! »

Quelques explications supplémentaires de Marylène

L'âme de ce défunt en a beaucoup à dire. Il vous explique comment il vit son passage dans cette autre dimension. Il souligne sa présence dans vos rêves. Prenez des notes de ces rêves, utilisez des méthodes pour vous souvenir de vos rêves. Le défunt continue d'évoluer auprès de vous et avec vous, et il vous conseille de ne pas vous attarder aux regrets.

Ton ange aimerait te dire...

« Il est temps pour toi de passer à un autre niveau. Tu stagnes, tu fais du surplace et tu n'apprends pas beaucoup de nouvelles choses. Je t'attends pour créer des changements dans ta vie. Dès que tu seras prête, je te placerai devant de nouvelles possibilités.

Attention : les changements seront importants, tu auras vraiment besoin de te dépasser. Si tu suis mes indications, ces changements se feront en douceur, et je te promets qu'ils seront bénéfiques pour toi. Tu en es rendue là dans ta vie. Tu dois prendre des décisions.

Ne t'inquiète pas, les autres vont suivre. Ils vont accepter ces changements, car ils verront que tu seras mieux et plus heureuse. Ne te laisse pas arrêter par les personnes envieuses, qui, elles, chercheront à te faire peur. Ces émotions leur appartiennent, ce sont elles qui craignent les changements, ce n'est pas toi. Prépare-toi, je t'attends. »

Conseil de ton ange gardien : Des changements s'en viennent dans ta vie. Soit tu les acceptes, soit tu te rebiffes. Si tu les acceptes, ils seront doux et tu en profiteras. Si tu te rebiffes, si tu les refuses, tu trouveras ces changements pénibles, et ton taux vibratoire s'en ressentira. Plus tu résisteras, plus cette étape sera difficile. Tu as tout en toi pour participer à ces changements ; va de l'avant.

Aussi souvent que tu le demanderas.

J'aimerais te dire...

« Tu sais, ce n'est pas toujours évident. Depuis que j'ai quitté votre monde terrestre, j'ai beaucoup évolué et beaucoup cheminé. Heureusement, parce que ça n'a pas été facile de vous quitter. Vous avez toujours été ce que j'avais de plus précieux.

Quand je t'ai rencontré, ça a changé ma vie ! Et ce n'est pas un cliché, au contraire ; je l'ai réalisé ici ! On était faits pour se rencontrer, on l'avait décidé avant (rire) ! Et je recommencerais 100 fois (rire) !

Oui, votre temps passe ; moi, je n'en ai plus. Je ne vous ai pas dit adieu parce que je savais que je vous reverrais. Je vous trouve pas mal bons (rire) de vous débrouiller comme ça, sans moi. Oui, je suis fier de vous. Je vous ai laissé de belles choses et vous vous en servez, c'est bien !

Je vous entends ! Et ce que j'aime le plus, c'est lorsque vous riez ensemble. Il n'y a rien de plus beau et qui me fait plus de bien. Merci d'être là, de faire encore partie de ma vie.

Où je suis, j'ai beaucoup de travail qui m'attend. J'ai une nouvelle mission ici. J'anime des réunions. On parle de notre vie sur la terre et on partage nos expériences. Comme tu vois, j'aime encore me tenir occupé (rire) ! »

Quelques explications supplémentaires de Marylène

Ce défunt est bien. Il est dans sa lumière et il est content de vous parler. Lorsque vous lui parlez, il vous entend et il veut que vous le sachiez. Maintenant, cette âme a choisi une mission dans cette autre dimension, c'est comme ça qu'elle s'occupe. Cela ne veut pas dire que le défunt ne se manifeste pas à vous ; au contraire, cela lui procure l'énergie nécessaire pour veiller sur vous tous.

Ton ange aimerait te dire...

« Tu as besoin de moi ? C'est avec un grand plaisir que je te réponds. Je suis prêt, que veux-tu que je fasse pour toi ? Vas-y, exprime-toi clairement, dis-moi ce que tu attends de moi. Plus tu es claire, mieux je sais ce que je dois faire pour t'aider.

Je vais toujours faire de mon mieux. Pour cette question, tu auras besoin de l'aide d'une autre personne. Tu auras besoin de ses conseils. Prépare-toi avant de la rencontrer : écris toutes tes questions sur une feuille, et ne sois pas gênée. Ne pense pas que tu en as trop ; au contraire, si tu es bien préparée, tu vas impressionner cette personne.

Je vais te guider vers elle ; elle sera la mieux placée pour t'aider avec ce problème. Par la suite, tu devras écouter ses conseils. Encore là, je vais t'aider à y arriver ; c'est pourquoi je suis avec toi. Une fois en compagnie de cette personne, tu verras comme tu vas mieux respirer et arriver à lâcher prise. Tu sais, il faut parfois accepter d'avoir besoin des autres. »

> *Exercice : Expose ton problème ou ta situation par écrit sur une feuille de papier, avec tous les détails. Ajoute une case pour chacun des points où tu écriras quels intervenants pourraient t'aider. Prends du recul et observe mon travail. Je placerai sur ta route le meilleur intervenant pour toi. Ensuite, tu n'auras qu'à prendre rendez-vous avec cette personne et à suivre ses conseils.*

Deux fois plutôt qu'une.

J'aimerais te dire…

« Bonjour, toi. Je suis conscient que bien du temps s'est écoulé sur le plan terrestre et que là, la poussière commence à retomber.

C'est plus difficile qu'on pensait. Je suis triste pour toi et, oui, tu as le droit de ressentir de la colère ; tu as bien raison. Ni toi ni moi, on ne savait ce qui allait se passer après ! Jamais je ne me serais douté que ce serait si difficile.

Je vais beaucoup mieux ; en fait, toujours de mieux en mieux. Ce qui m'arrête, c'est quand je te vois avoir de la peine comme tu en as. Je me débrouille bien. Ce que j'aime par-dessus tout, c'est jouer avec l'énergie. Je la passe d'une main à l'autre. Je vous en envoie toujours un peu pour vous aider.

Je sais que tu peux te débrouiller, c'est toi-même qui me l'as démontré. Je sais de quoi tu es capable (rire). Je ne voulais pas vous quitter, non, crois-moi ! C'est la vie qui ne voulait plus être là. En ce moment, je suis en train de comprendre ma mission, ce que j'étais réellement venu accomplir.

Je n'ai pas tout compris, mais j'ai saisi l'important. Continue de me parler, ça me fait du bien, ça me réchauffe. »

Quelques explications supplémentaires de Marylène

Lorsque les défunts nous disent que « ça les réchauffe », cela veut dire qu'ils reçoivent nos prières, les énergies qu'on leur envoie. Ici, votre défunt trouve difficile de vivre la séparation d'avec sa famille. Il voit votre peine et il a de la compassion pour vous. Les défunts continuent parfois, eux aussi, à avoir de la peine dans leur nouvelle dimension.

Ton ange aimerait te dire...

« La lumière, elle brille par les énergies. Les tiennes, les miennes, celles de toutes les âmes, celles de tous les êtres de lumière. Je suis là, avec toi, tout au long de ta vie. Cependant, il arrive que d'autres êtres de lumière se joignent à moi pour t'aider. Nous formons une équipe et nous ne te laisserons jamais tomber.

Ta mission peut te paraître lourde ou ingrate, c'est vrai, mais les leçons que tu dois apprendre sur le plan terrestre vont élever ton âme pour l'éternité. Ce que tu apprendras comme leçons te servira à tout jamais. Pourquoi crois-tu que certains événements surviennent dans ta vie, même si tu essaies de les éviter ? C'est pour les leçons qu'ils t'apportent.

Je ne te demande pas de te réjouir de cela, mais plutôt d'être compréhensive et ouverte d'esprit, et de voir, dans ces moments difficiles, ton courage et ta persévérance. Je te le répète : nous sommes une équipe et nous sommes avec toi. Tu n'es pas seule. »

Conseil de ton ange gardien : Lorsque tu as des problèmes ou que tu trouves ta vie difficile, demande l'aide de ton ange gardien et des guides de lumière. Tu n'es pas obligée de souffrir en silence, seule dans ton coin. Ouvre tes yeux, ouvre tes oreilles ; je te ferai des signes pour te dire que tout va bien et que tu es au bon endroit.

Je souhaite que tu sois heureuse du résultat.

J'aimerais te dire...

« Je sais que tu attends après moi pour continuer. Je sens que ce message va pouvoir t'aider à tourner la page. Alors, c'est avec un grand plaisir que je viens te parler.

Je ne vous ai pas oubliés. Oui, je suis encore ici ; je ne suis pas retourné auprès de vous, pas encore. Tu te demandes si je suis dans le lieu que tu as vu dans ton film (rire) ? Je suis là où il y a beaucoup d'amour et de musique aussi.

Tu as besoin de moi, je le sais, j'entends très bien ton âme quand elle me parle. Tu es curieuse. Nous avons beaucoup à faire où je suis, mais nous revenons régulièrement vers vous. Non, nous ne sommes pas tous conscients des épreuves que vous vivez sur la terre, mais nous sommes tout près de vos émotions, pour vous encourager.

J'ai retrouvé ta grand-mère ; elle aussi, elle prend soin de toi. Nous veillons sur toi. Je découvre que tu as un grand cœur et beaucoup de patience aussi ! C'est bien certain que j'ai appris à te connaître à partir d'où je suis. J'aurais voulu te connaître plus longtemps.

Tu n'as à t'excuser de rien avec moi. Tu as grandi et tu as compris les choses. Pour moi, c'est suffisant. Je t'aime, ma belle grande fille ! »

Quelques explications supplémentaires de Marylène

C'est un beau message d'encouragement que votre défunt veut vous offrir. Il vous explique qu'il ne s'est pas réincarné sur le plan physique, qu'il est toujours dans l'au-delà. Qu'il est capable de vous entendre et de vous aider lorsque vous en avez besoin.

Ton ange aimerait te dire...

« Tes énergies sont belles, je t'encourage à poursuivre ton chemin dans cette direction. Ne regarde pas derrière toi, va vers l'avant. Tu vois que ça va mieux depuis quelque temps ; c'est parce que tu y as mis du tien. Tu as fait les bons choix, tu as pris les bonnes décisions.

Les résultats peuvent être un peu longs à arriver ; les énergies sont lentes autour de toi. C'est normal, ne t'inquiète pas, c'est voulu. Pour te donner le temps de t'adapter à cette nouvelle énergie. Fais-toi confiance, fais confiance à la vie. Tu peux souffler, ce qui était difficile est derrière toi. Devant, c'est ce qu'il y a de mieux pour ton cheminement terrestre.

Porte attention à tes rêves ; je suis présent à toi et je t'explique où tu en es. Nous pratiquons des scénarios pour voir quel est le meilleur chemin à prendre. Alors, ne te surprends pas si tu fais des rêves prémonitoires ou si tu vis des phénomènes de déjà-vu : c'est le résultat de nos expériences oniriques. »

> *Exercice : Avant de te coucher, dresse une liste des choses que tu aimerais expérimenter, soit pour le plaisir, soit pour régler certaines situations. La nuit est le meilleur moment pour que tu pratiques différents scénarios, et à ton réveil, tu seras guidée vers celui qui est le meilleur pour ton accomplissement terrestre.*

Un jour à la fois, à ton rythme.

J'aimerais te dire...

« *Fatigue-toi* pas à (n'essaie pas de) tout essayer pour me parler ; ça se fait quand ça doit se faire ! Eh oui, je t'entends, par exemple (rire) !

Il ne faut pas avoir des regrets, non, il ne faut pas. Moi, je sais que tu as fait tout ce qu'il fallait ; tu n'as pas à t'en vouloir, jamais.

L'objet que tu as caché pour moi (rire), je le reconnais. Tu pensais que je ne viendrais pas te le dire (rire) ? Tu te trompais, j'en ai vu d'autres (rire) ! Mais je suis content que tu l'aies fait. Il ne faut pas croire n'importe quoi !

Bon, maintenant, écoute-moi bien. *Asteure* (À présent) que j'ai toute ton attention. Tu vas prendre les bonnes décisions pour être heureux et bien dans ta vie. Oui, tu peux compter sur moi pour t'aider, je ne demande pas mieux. Moi, j'ai confiance en toi, en l'homme que tu es devenu.

Un jour, on se retrouvera, mais ce n'est pas pour tout de suite. Je crois que tu as encore beaucoup à faire et à apprendre sur la terre. Continue de faire de ton mieux. Tu vas voir, c'est payant quand on arrive ici (rire) !

Un dernier conseil : ne mets pas tous tes œufs dans le même panier ! Sois brillant, sois intelligent ; tu sais de quoi je parle ! »

Quelques explications supplémentaires de Marylène
Ce défunt a beaucoup d'énergie et beaucoup d'expérience aussi. Il vous dit de ne pas forcer les choses pour communiquer avec lui. Ce qu'il souhaite par-dessus tout, c'est que vous soyez heureux, c'est important pour lui. Pour lui faire plaisir, prenez les bonnes décisions pour parvenir à cet état d'être.

Ton ange aimerait te dire...

«Ne t'énerve pas avec tout ça. Tout a sa raison d'être, oui, tout, même les plus petits détails. Concentre-toi sur ta voix intérieure, fais-lui de la place, mets ton ego de côté, occupe-le en lui faisant écouter de la musique. Pendant ce temps, laisse monter cette voix intérieure et écoute ce qu'elle te dit.

Parfois, c'est moi qui te parle à travers elle; parfois, c'est ton âme. Tu possèdes en toi toutes les réponses dont tu as besoin. Au bon moment pour les bonnes choses. Ne doute pas de toi, de tes capacités: tu as fait un long chemin pour arriver sur terre. Tu t'es démarquée dans l'au-delà pour que ce soit à ton tour de venir expérimenter la vie terrestre.

Maintenant que tu es là, devant cette situation qui te semble irréversible, dis-toi que tu as tout ce qu'il te faut pour comprendre et résoudre ce qui ne te convient pas. Fais-le doucement, en respirant calmement et en écoutant cette petite voix. Et surtout, fais une chose à la fois; ne va pas trop vite, comprends la leçon.»

Conseil de ton ange gardien: Ne sois pas trop dure avec toi-même. Sois plus conciliante. Tu as beaucoup de belles qualités et de belles forces. Arrête-toi quelques instants et énumère-les. Je ne plaisante pas, tu peux le faire tout de suite pendant que tu lis ce conseil. Et redis souvent tout haut tes qualités et tes forces, cela t'aidera.

J'aimerais te dire...

« Tu voulais me parler ? Savoir où je suis rendu ? Pas tellement plus loin que la dernière fois ! J'ai de la *misère* (difficulté) (soupir). Je n'aime pas te savoir comme ça, même si je comprends que c'est ta mission. Il y a un ange à côté de toi, c'est fatigant, c'est toujours ça qu'il me répète : « Je suis là pour elle ! »

Tu me manques. J'ai réalisé ça depuis que je suis ici. J'ai réalisé bien des choses. J'étais heureux avec toi. J'aurais dû prendre le temps de t'écouter. De vraiment t'écouter, je veux dire. Ah, je ne suis pas malheureux d'avoir quitté la terre, au contraire ! Mais être coupé de mes gens, c'est ça que je trouve difficile, par bouts.

J'cré pas (Je ne crois pas) encore à tout ça (rire) ! Les anges, les prières. Tout ce que je sais, c'est que quand tu penses à moi, ça me fait du bien.

Je m'ennuie du temps où on était rien que tous les deux. J'ai hâte de te revoir pour de bon, pas juste entre deux portes. Je voulais te dire merci d'avoir pris soin de moi. Et ne t'en fais pas ; même si je n'étais plus là, je t'entendais pareil !

Ici, je revois mon monde. Ça m'aide à comprendre les choses, mais ça ne veut pas dire que je les accepte (rire) ! Allez, fais attention à toi. Je voudrais t'embrasser et te serrer dans mes bras. Je ne veux pas que tu aies de la peine. »

Quelques explications supplémentaires de Marylène

Ce défunt a encore besoin de vous, de vos prières. Il a de la difficulté à accepter son état de conscience. Il semble sceptique par rapport à ce qu'il vit maintenant. Vous pouvez l'aider en continuant de croire que la communication est possible entre nos deux mondes et en continuant de lui parler.

Ton ange aimerait te dire...

« Chaque jour qui passe est une journée au cours de laquelle tu accumules du karma, de l'énergie que tu mets en banque pour tes prochaines vies. Tu as le choix d'accumuler de l'énergie positive en faisant de ton mieux ou d'accumuler des énergies négatives en refusant de partager l'amour !

Ton âme sait ce qu'est l'amour inconditionnel; elle est venue sur terre avec un réservoir plein. Hélas, la plupart des âmes oublient ce réservoir et accumulent plutôt des énergies lourdes qui les empêchent d'avancer légèrement sur les chemins de la vie ! Toi, par exemple, est-ce que tu es capable de faire preuve de compassion envers les gens qui t'entourent ?

Peux-tu comprendre ce qu'ils vivent, avant de penser à toi et à ce qu'ils te font vivre ? C'est ça, l'amour inconditionnel. Et plus tu diffuses cet amour, plus tu t'épanouis et plus ta vie devient facile. Plus ta mission devient claire et plus tu es assurée d'être au bon endroit. »

Conseil de ton ange gardien : Bien que ce soit difficile de penser à ce que vivent les autres lorsque tu as toi-même de la difficulté à comprendre ce qui t'arrive, la compassion dont tu fais preuve allège tes problèmes et désamorce tes émotions négatives. C'est une vraie thérapie en soi. Lorsque tu es dans une relation difficile, arrête-toi, demande-toi ce que vit l'autre personne et envoie-lui de l'amour. Tu vas voir : les résultats seront immédiats.

Après l'orage, tout ira mieux.

J'aimerais te dire...

« Tenez bon, les filles, je suis là ! J'ai tellement de regrets, vous n'avez pas idée ! Je suis content d'être venu vous parler. Vous me manquez. Tout est allé trop vite, je suis parti trop vite !

Je ne savais pas qu'on pouvait autant apprécier la vie. Maintenant, je le sais, grâce à vous.

Je suis à tes côtés. Je t'admire. La force que tu dégages, wow ! Tu me ressembles beaucoup (rire). Prends les devants, n'aie pas peur et fous-toi de ce que les autres peuvent penser et dire.

Combien de fois je viens vers toi pour t'entourer de mes bras et te rassurer ? Oui, je t'entends lorsque tu me parles. Fais-toi confiance et aie confiance en tes choix. On est avec toi !

Le rire et la joie que tu peux dégager me remontent le moral ! Tu m'aides à avancer, à aimer la vie. Ne va pas trop vite, savoure les moments qui passent. Je sais que tu fais de ton mieux.

Je ne vous oublie pas, ça non (rire) ! Je n'en serais pas capable, avec toutes ces belles choses que vous me dites et que vous m'envoyez. Je serai toujours présent pour vos occasions spéciales, vous n'avez qu'à me demander.

Je vais bien et j'évolue dans ma lumière. Je suis aussi très fier de l'endroit où je suis rendu. Merci de penser à moi, je vous aime. »

Quelques explications supplémentaires de Marylène
Ce défunt est vraiment à vos côtés. Il est fier de ce que vous accomplissez, et ne doutez pas un instant de son intérêt pour ce que vous vivez sur terre. Cette âme peut vous aider dans les moments difficiles ; vous n'avez qu'à le lui demander.

Ton ange aimerait te dire...

« Va t'amuser ! Tu en as besoin. Tu as travaillé dur au cours des derniers temps, tu t'es impliquée dans ce que tu faisais. Tu as pris soin de plusieurs personnes, en es-tu seulement consciente ? Tous ces gens avaient besoin de toi, de ton expérience, de ton temps, et tu le leur as accordé, non pas parce que tu y étais obligée, mais parce que cela fait partie de ta mission terrestre.

Maintenant, tu peux les laisser s'épanouir par eux-mêmes pendant quelque temps ; tu pourras ensuite revenir poursuivre ta mission. Aujourd'hui, tu dois aller te réénergiser, et pour cela, il te faut accomplir des choses amusantes, des choses qui te feront vibrer. Je t'accompagne, car j'ai besoin moi aussi de faire des choses agréables avec toi.

Je suis ton partenaire dans les moments difficiles et sérieux, mais je suis également ton partenaire lorsque c'est le temps de s'amuser ! »

Exercice : Quelle activité n'as-tu pas faite depuis longtemps ? Du vélo, de la randonnée, du tennis, de la danse ? Choisis une activité qui te rend heureuse, réserve tout de suite une plage horaire à ton agenda que tu ne changeras pas ! Prends rendez-vous avec toi-même et profite de ce moment pour te ressourcer et élever ton taux vibratoire pour la prochaine étape de ta mission terrestre.

Tu devras reformuler ta question.

J'aimerais te dire...

« *Ben* oui, *ben* oui, j'y suis arrivée (rire) ! C'est bien moins *épeurant* (angoissant) qu'on le pense ! Oui, j'ai retrouvé les gens de ma *gang*, ils vont bien. Ils étaient vraiment nombreux. Ça m'a pris du temps avant de tous les revoir.

Je te l'avais bien dit que si ça existait, je reviendrais te le dire (rire) ? Me voilà ! Je suis bien, ça ne s'explique pas. Vous vous en êtes assez fait pour moi, vous pouvez maintenant passer à autre chose. Il est temps.

J'ai retrouvé ma jeunesse (rire) ! En fait, je me retrouve plus en forme que jamais. Les anges m'ont aidée. Merci à toi. Pour ce que tu as fait. Tu m'as aidée à partir. Tout d'abord, je ne comprenais pas ce que tu essayais de me dire. Quand je me suis mise à bien t'écouter, je me suis sentie partir. Il était là à mes côtés pour me guider (ange). Tu avais bien raison, il était là !

Maintenant, quand je veux être près de toi, c'est par la musique que j'y arrive. Je me laisse guider, je me laisse bercer par elle et, comme par magie, je me retrouve auprès de toi (émotion). Merci pour tout ce que tu m'as donné. D'où je suis, je prie beaucoup pour toi. Et le reste du temps ? Je m'amuse (rire) comme je ne l'ai jamais fait auparavant !

À présent, soyez en paix avec mon départ, c'est tout ce que je vous demande ! »

Quelques explications supplémentaires de Marylène
Cette belle âme évolue très bien dans sa dimension. Elle veut vous rassurer sur son état et sur ce qui se passe pour elle maintenant. Soyez attentifs à la musique ; certaines fois, votre défunte passe par cet outil pour communiquer avec vous. Continuez de croire aux anges, elle vous confirme qu'ils existent bel et bien.

Ton ange aimerait te dire...

« Tout va bien, tout va mieux. La décision que tu as prise dernièrement était la bonne. Tu ne pouvais faire mieux. Je te félicite et je suis fier de toi. Tu y as bien pensé et, oui, il est vrai que c'était ce que tu pouvais faire de mieux dans les circonstances.

Non, tu n'as rien perdu ; au contraire, tu as gagné quelque chose. Si tu ne le vois pas maintenant, tu le verras plus tard. En ce moment, tu te sens coupable, mais tu ne devrais pas. Ça fait du bien de voir que tu penses à toi, enfin !

Je ne juge aucune de tes actions, aucune de tes pensées. Tu as le droit, tu as ton libre arbitre qui te permet d'agir. Tu fais des expériences, et c'est pour cela que tu es venue sur terre. Je suis derrière toi, quoi que tu fasses et que tu penses. »

Conseil de ton ange gardien : N'aie pas peur de faire des choix en fonction de toi, de tes émotions et de tes états d'âme. Il n'y a jamais d'erreurs, il n'y a que des expériences. La prochaine fois que tu auras un choix à faire, pense à toi d'abord : qu'est-ce que tu veux, toi, en premier ? Les gens autour de toi s'adapteront à ces choix.

Pas encore, ce n'est pas le temps.

J'aimerais te dire...

« Allô, ma fille ! Déjà tout ce temps ? Je te comprends d'être inquiète. Je ne voulais pas te faire peur. Ça ne se passe pas tout à fait comme je le croyais. C'est plus beau, beaucoup plus beau, mais en même temps, c'est plus difficile aussi.

Je ne savais pas que vous alliez tant me manquer (émotion). Moi aussi, je trouve ça *tough* (dur). Mais on est faits fort, on va passer au travers. Tu vas voir, ma fille, on va réussir !

Oui, quand je suis parti, ça a fait comme un gros coup de tonnerre. Après, je n'ai plus rien senti ; c'était le calme et le silence total. J'étais bien. Tant que je suis resté dans mon cœur, c'était comme ça. C'est quand je suis allé à ma tête pour essayer de comprendre... c'est là que tout a changé.

Je suis avec toi, peu importe où tu es. Je suis là pour toi, comme je te l'ai toujours promis. Je ne suis pas un fantôme (rire). Je suis avec un corps différent, mais c'est bien moi qui suis là. Tu en as fait des choses (transformations) depuis que je ne suis plus là ! Pour répondre à ta question : oui, je suis fier de toi. Je l'ai toujours été et je le serai toujours.

C'est bon de savoir que ça se poursuit ici parce que ça veut dire qu'on va se revoir un jour. Je t'aime, mon cœur ! »

Quelques explications supplémentaires de Marylène
Pour ce défunt, il est important que vous compreniez comment ça se passe pour lui, maintenant. Il est auprès de vous puisqu'il voit les changements que vous faites dans votre vie. Il y a beaucoup d'amour dans ce message. Prenez-le, c'est à vous.

Ton ange aimerait te dire...

« Qui es-tu vraiment ? Est-ce que tu le sais ? Mis à part le reflet dans le miroir que tu regardes à peine le matin... Je t'invite à faire une introspection, à regarder au fond de toi la personne que tu es véritablement.

Ça m'attriste de constater que tu passes à côté de ton potentiel. Pourtant, tu es arrivée ici, sur la terre, avec un bon bagage. Tu as tout ce qu'il te faut pour réussir à atteindre tes objectifs, pour réaliser tes rêves et obtenir la vie que tu désires. Je t'encourage à relever la tête et à foncer dans la vie, à oser prendre des décisions, à oser poser le geste...

Tu es à la croisée des chemins, et tu te demandes ce qui va t'arriver. Ne laisse pas les autres et la vie décider pour toi. C'est assez ! Puise en toi la force et le courage de passer à l'action et de décider ce que TOI, tu désires faire et être dans ta vie. Tu n'es pas seule, je suis avec toi et je t'encouragerai toujours à regarder droit devant. »

Exercice : Prends une feuille de papier et écris toutes tes qualités, tous tes talents. Écris aussi toutes les bonnes actions que tu as accomplies dans ta vie. Ensuite, prends le temps de te regarder dans un miroir et de te dire les qualités que tu as et les bonnes actions que tu as faites. Cet exercice va t'aider à renforcer ton estime de toi.

J'aimerais te dire…

« Je sais que tu attendais ce message depuis longtemps. Je suis désolée, je ne sais pas ce que le temps fait maintenant. Je vais bien. Au début, je ne voulais pas croire tout ce que je voyais, tout ce qui était. Je n'ai pas compris tout de suite.

Je ne veux pas parler à travers n'importe qui et n'importe quoi, c'est pour ça que ça a été long avant que je te réponde autrement. Je n'ai pas toujours besoin de parler. Juste d'être là à tes côtés, ça me suffit.

Sans toi, je n'y serais pas arrivée. J'ai beaucoup compté sur toi. J'espérais que tu comprendrais. Tu ne m'as jamais déçue, au contraire. Je t'ai toujours vue comme une femme forte et je suis fière d'être ta mère. Avec toi, j'aurais voulu être moins secrète (soupir).

Je te dis qu'on en comprend, des choses, quand on est décédé, quand on est ailleurs, dans une autre dimension. J'aimerais que tu penses à toi. Je sais que tu dois te décider et qu'en ce moment, plusieurs choses se bousculent en toi. Fais la paix et écoute ton cœur. Profite de la vie comme je ne l'ai jamais fait ! Je te souhaite d'être la plus heureuse ! Je ne parle pas des autres parce que c'est sur toi que je me concentre.

Merci de m'aimer, ça me fait du bien ! »

Quelques explications supplémentaires de Marylène

Cette âme est discrète. Elle reste méfiante envers les techniques utilisées pour communiquer avec l'au-delà. Elle comprend beaucoup de choses maintenant qu'elle est décédée et elle veut que vous le sachiez. Elle exprime des regrets à votre égard et il faut accepter sa perception de la situation.

Ton ange aimerait te dire...

« Oui, je suis là, oui, j'existe ! Et je suis toujours prêt à t'aider. Je t'envoie des signes comme tous les autres le font avec leur élève ; on se voit dans tes rêves. Je prends la forme de plusieurs personnages. Ce sont parfois des personnages que tu connais, d'autres fois, non. Je prends ces formes ; sinon, tu ne me verrais pas, car je ne suis fait que de lumière.

Avant de t'incarner, tu as choisi ta mission, tu as choisi la vie que tu as maintenant. Enfin, ton ego aussi a modifié certaines trajectoires ; tout de même, tu restes encore dans le bon chemin. S'il y a des choses qui ne te plaisent pas, tu es libre de changer. Je veille sur toi pour que tu puisses accomplir ce pour quoi tu es ici sur le plan terrestre.

Écoute ta voix intérieure, c'est elle qui te donne les bonnes indications lorsque vient le temps de trouver une réponse à tes questions ou lorsque tu as un choix à faire. Fais-toi confiance, tu seras toujours la personne la mieux placée quand il est question de toi. »

Exercice : Dans un journal ou sur une feuille de papier, note tous les choix que tu as faits pour être là où tu es actuellement dans ta vie. Qu'est-ce qui t'a menée dans cette situation ? Ou dans cette relation ? Est-ce qu'on t'a forcée à être là ? Quand et comment as-tu fait le choix de te retrouver dans cette position ? Tu fais cet exercice pour toi et non pour les autres.

Tu peux dormir tranquille.

J'aimerais te dire…

« Allô ! J'ai de la peine, moi aussi. Je sais que ce n'est pas facile. Vous me manquez. Je n'ai pas eu le temps de tout vous dire avant de partir. Oh oui, j'en ai dit, des choses, mais pas assez à mon goût !

Embrasse-les pour moi ! J'ai le cœur gros de manquer tout ça. Oui, c'était fini pour moi, même si je ne voulais pas l'accepter. Tu sais que ça m'a pris beaucoup de courage pour m'en aller ! Je ne regrette rien, sinon de ne plus être physiquement avec vous autres. J'ai compris. Les anges sont là.

Toi qui me parles et qui essaies d'écouter, je voulais te dire que je t'aime et que c'est génial tout ce que tu arrives à faire. On s'ennuie l'une de l'autre, ça n'a pas de bon sens ! Oui, je suis avec toi, je veux t'aider. Je suis encore là pour toi. Même si tu es devenue une grande fille (rire) !

Qu'est-ce que tu veux que je comprenne ? Ici, on en oublie des affaires ! Celles qui ne sont plus utiles, je veux dire (rire). Donne-moi encore de l'énergie et sois patiente en attendant ma visite. Tout ce que tu dois savoir, c'est que je suis là près de toi et de ta famille.

Je vous aime, je vous adore et je m'ennuie de vous tous ! »

Quelques explications supplémentaires de Marylène

Voici une défunte qui en a beaucoup à dire ! Cette âme est en train de réaliser beaucoup de choses. Entre autres, elle constate qu'elle ne fait plus partie du plan terrestre et qu'elle ne peut plus participer à vos activités de manière physique. Elle vous aime beaucoup et elle veille sur vous.

Ton ange aimerait te dire...

« Un jour, tu comprendras pourquoi tout ça est arrivé. Ce jour-là, tu seras prête à entendre la vérité. Entre-temps, ne sois pas dure avec toi-même, tu n'as pas besoin de cela. Il y a des situations dans la vie qu'on peut éviter, et d'autres pas. Cela fait partie des leçons que tu dois apprendre grâce à ta venue sur terre.

Lorsque tu te sens mal, lorsque tu te sens coupable, prends le temps de t'arrêter et d'analyser la situation, d'abord avec ton mental. Ensuite, permets-toi de regarder la situation avec ton cœur, sans jugement. Cela va atténuer ton malaise et tes émotions négatives. Tu peux très bien vivre sans ces émotions extrêmes.

Tu as fait de bons choix dans ta vie. Tu ne serais pas là où tu es si cela n'avait pas été le cas. Regarde toutes les personnes que tu as aidées, vois leurs sourires lorsque tu leur donnes des solutions. Elles sont heureuses de te connaître et de t'avoir dans leur vie. Rappelle-toi ces images lorsque tu te sentiras déprimée ou déçue. Je vais t'y aider. »

Exercice : La prochaine fois que tu ressens des émotions négatives, ferme les yeux et revois une scène dans laquelle tu fais du bien à une personne. Laisse remonter les émotions de cette scène en toi, revis ces émotions comme si tu y étais encore. Reste dans cet état pendant quelques minutes avant d'ouvrir les yeux.

J'aimerais te dire...

« Salut, toi ! Ça me fait du bien de te parler. J'ai déjà essayé avant, mais je ne suis vraiment pas certain que ça a fonctionné.

Je suis de tout cœur avec vous en ce moment. On ne voit pas tout et on ne sait surtout pas tout, mais il ne faut pas baisser les bras. Si tu es encore là, c'est que tu as quelque chose à faire. C'est ça que tu dois comprendre.

Je ne sais pas si je peux parler de ça maintenant (hésitation). Tu es quelqu'un d'important dans ma vie et tu as beaucoup compté. Sans vouloir déranger personne, j'étais bien quand je te parlais. J'ai toujours senti quelque chose de particulier quand tu étais là, présente à mes côtés.

C'est beau ici. On doit encore cheminer, ce n'est vraiment pas la même chose, on est beaucoup mieux (rire). Je ne vous envie pas (rire). Dans chaque monde, chaque dimension, il y a toujours quelque chose que nous devons faire, que nous devons comprendre. Ne lâche pas, de ton bord (rire) !

Merci d'avoir pensé à moi, merci pour tes mots, ils m'ont fait du bien. Je t'entends et je garde contact avec toi. Allez, fais-moi rire un peu ! »

Quelques explications supplémentaires de Marylène

Ce défunt est conscient qu'il se passe quelque chose dans votre vie. Il ne peut cependant tout savoir, car les défunts ne voient pas tout et ne savent pas tout. Il vous dit qu'il est important de vous concentrer sur votre mission terrestre.

Ton ange aimerait te dire...

« As-tu déjà entendu ma voix ? À travers ton intuition ou dans tes rêves ? Je l'ai fait entendre plusieurs fois. Je crois qu'à certains moments, tu le réalises, mais pas toujours. Je suis content d'être à tes côtés, je trouve qu'on forme une bonne équipe, nous deux.

Je sais que tu crois en moi, que tu cherches ma présence. Je suis là, tout près, dans tes énergies ; je ne peux aller plus loin. Tu peux me demander d'être ici aussi souvent que tu le souhaites ; je suis là pour t'aider à accomplir ta mission. Chaque fois que tu me poses une question, j'ai une réponse et je te la donne. Merci pour tes prières, je les apprécie.

Tu as raison, ce n'est pas facile tous les jours, la vie sur terre. Cependant, apprécie ton passage ici. Il y a bien d'autres âmes qui voudraient être à ta place, mais ce n'est pas encore leur tour. Profites-en pour tirer parti de tout ce que la terre peut t'apporter, car tu ne retrouveras pas cela dans l'au-delà. Tu ne t'en souviens plus, mais moi, oui. »

Conseil de ton ange gardien: Sois à l'écoute de ta petite voix intérieure et sois à l'écoute de tes rêves, car c'est de là que je réponds à tes demandes. Fais une liste de tout ce que tu veux vivre pendant que tu es sur terre, car c'est maintenant que tu dois passer à l'action. Les jours passent et ne reviennent pas...

Peut-être.

J'aimerais te dire…

« Écoute bien : tes ancêtres sont ici avec nous pendant que nous nous transformons. Aussi bien vous, les humains, que nous, les âmes désincarnées.

J'ai vécu toute ma vie pour ma famille et pour une communauté harmonieuse. Je suis content d'avoir fait ma part. Toi aussi, tu dois faire de ton mieux. Pour ton âme et ce qu'elle doit accomplir sur terre. Nous avons tous un rôle à jouer.

Tu parais fragile et vulnérable parfois, alors qu'à l'intérieur de toi, tu as l'âme d'une grande guerrière. Tu dois écouter tes intuitions ; ce sont ton âme et tes guides qui veulent te parler. Tu dois les écouter. Tu as un grand cœur et tu fais bien de vouloir partager ce que tu as.

Tu connais l'amour, tu dois le partager à travers une famille, ta famille. Unissez-vous, priez et chantez l'amour ; la terre et votre peuple en ont besoin. Que ces communications entre toi et moi soient utiles à bien d'autres gens aussi.

Je n'avais plus la force de me battre, mais toi, oui. Alors, fais honneur à nous tous et fonce dans la vie avec tes convictions. Je suis avec toi, à tes côtés. »

Quelques explications supplémentaires de Marylène

Voici un très beau message d'encouragement de la part de ce défunt. Une grande âme se cache derrière ce message. C'est un rappel que vous devez toujours faire de votre mieux, ici et maintenant. Vos choix et vos décisions influencent la société dans laquelle vous vivez ; soyez consciente de ces choix.

Ton ange aimerait te dire...

« Ne sabote pas tes rêves, ta vie. Ça ne sert à rien, car tu devras recommencer ! Oui, tu as bien compris : si tu ne fais pas de ton mieux, tu devras revenir sur terre pour recommencer. Et c'est bien ton âme qui voudra cela. C'est toi qui ne seras pas satisfaite de ce que tu auras compris comme leçons et qui planifiera de revenir vivre les mêmes situations jusqu'à ce que tu aies compris.

Maintenant que je te l'ai dit et confirmé – tu sais très bien au fond de toi-même que ce que je te dis est vrai –, est-ce que tu vas faire de ton mieux ? C'est-à-dire prendre tes décisions et effectuer ton travail pour en être fière et te coucher le soir en te disant que tu as tout donné pour que tout fonctionne ?

Je te connais et je sais ce dont tu es capable. Ce n'est pas la première vie où tu apprends ces leçons. Pour une fois, tu as la possibilité, à travers ce message, de t'arrêter avant qu'il ne soit trop tard. Ne sabote pas les belles choses qui t'attendent. Fais-toi confiance et accepte d'être heureuse.

> *Exercice : Même si cela est difficile, je voudrais que tu dresses une liste de toutes les situations et les circonstances où tu as saboté ta vie, où tu as refusé d'être heureuse. Pense à tes relations amoureuses, familiales, sociales, etc. À quel moment as-tu choisi que c'était perdu ? Fais ce bilan honnêtement, c'est pour toi que tu le fais, pour comprendre.*

J'aimerais te dire…

« Bon, bon, bon ! Vous ne pouvez pas me laisser tranquille (rire) ? Ça commence déjà ! Oui, je vais bien. Je sais où je suis, merci. Je ne suis pas encore complètement arrivée, mais ça va venir, si vous pouvez arrêter de me déranger (rire) !

Je ne suis pas toute seule. On s'occupe bien de moi. On y va tranquillement. Mes corps ne sont pas encore habitués. Je cherche à vivre comme sur la terre (rire). Tu rirais de me voir faire (rire).

Je vous *chicane* (dispute), mais je suis contente d'entendre vos voix. Ça me faisait peur de mourir, et pourtant, ça fait tellement de bien ! J'en pouvais plus d'être attachée à ce corps-là.

Je suis partie, mais je ne vous ai pas quittés. Je suis seulement en voyage (rire). Là, ne vous *chicanez* pas pour ce que je laisse, c'est tellement pas grand-chose. Et je n'en veux plus. Que ça débarrasse (rire) ! Trop de souvenirs accumulés pour rien. Les souvenirs, c'est ici qu'on doit les garder (pointe son cœur).

Merci, ma fille, pour ce que tu as fait pour moi. J'étais très consciente de mon vivant que tu étais là, à mes côtés. Maintenant, laisse-moi me reposer, continue ta vie. On va communiquer encore ensemble, c'est sûr, quand tout va aller mieux. Toi aussi, tu as besoin de te reposer. Merci, je t'aime. »

Quelques explications supplémentaires de Marylène
Cette âme est consciente que vous avez de la difficulté à vous détacher d'elle. Elle vous demande de lui parler, mais de moins lui demander son avis, des conseils ou bien de l'aide. Elle doit elle aussi cheminer de l'autre côté, et cela lui demande de l'énergie. Cela ne l'empêche pas d'être avec vous dans les moments importants de votre vie.

Ton ange aimerait te dire...

« Tu es une gagnante ! Tu vois lorsque tu prends des décisions, lorsque tu choisis d'être en paix avec toi, les résultats que cela t'apporte ? Non, ce n'est pas toujours facile de comprendre et de savoir si une chose est bonne à faire ou non. Sache que tu ne commets pas d'erreurs, tu ne fais que des expériences.

Tu peux être heureuse, tu peux être fière de toi. Tu as le droit de te récompenser matériellement, physiquement et moralement. Prends le temps d'apprécier ce moment, il t'appartient. Ta plus grande qualité est l'écoute des autres. Tu sais prendre soin des autres en leur prodiguant des conseils. Tu es sage et généreuse. Les gens t'aiment.

Ce n'est qu'une fois dans l'au-delà que tu comprendras à quel point tout ce que tu fais dans ta vie est important. Tes pensées autant que tes actions. Tu es humaine ; tu as le droit de juger les situations, les relations, les gens : cela fait partie de toi. L'important est de ne pas rester dans ce jugement, de dépasser les idées et les images toutes faites et de voir au-delà, avec amour et compassion. Tu es capable de le faire, je te félicite. »

Exercice : Tu as en moyenne 60 000 pensées par jour ; tu ne peux donc pas être consciente de toutes ces pensées, mais de quelques-unes, oui. Alors, dresse une liste de ces pensées quelques fois par jour. Ensuite, relis-les à voix haute afin de comprendre ce qui t'habite. Après quelques jours, remarque celles qui reviennent le plus souvent. Tu pourras commencer par les modifier et, par la suite, jour après jour, tu pourras en changer d'autres.

Ce n'est pas le bon moment pour toi.

J'aimerais te dire…

« Tu as essayé, mon gars ! Et tu vois, ça fonctionne (rire) ! Je suis fière de toi. Fière que tu aies fait ça, ça me fait chaud au cœur. C'est un pas dans la bonne direction.

Je suis très très occupée. Avec vous tous, mais aussi avec ce que je fais ici. Je me promène entre les deux. Chaque fois qu'il y en a un qui part, je suis là. Je veux que cela se passe bien comme ça a été le cas pour moi.

Je suis venue te voir à quelques reprises dans tes rêves. C'est plus facile pour moi de cette façon-là. Non, je ne sais pas tout ce que tu dois faire encore sur la terre, mais je peux te dire de veiller sur ta santé, si tu veux être capable de tout faire (rire).

Je sais que tu aimes taquiner tes proches ; sois aussi à leur écoute. Ils te font confiance et ils croient ce que tu leur dis.

Je suis contente d'avoir été ta mère. Que nous nous soyons choisis, tous les deux. Je sens encore ton affection pour moi et je t'en remercie. En fait, merci pour tout. Tu en as fait beaucoup pour moi et je sais le reconnaître. Tu es un *mosus* de bon gars (un vrai bon garçon) (rire) !

Sois en paix avec tout parce que je le suis moi aussi ! »

Quelques explications supplémentaires de Marylène

Votre défunte est contente que vous preniez le temps d'interroger ce livre pour recevoir son message. Elle est occupée, dans sa dimension, à accueillir les gens qui décèdent. Soyez attentif à vos rêves, car cette âme tente de vous contacter durant votre sommeil.

Ton ange aimerait te dire...

« Crois-tu au hasard ? Ce mot n'existe pas dans l'au-delà. Rien n'est laissé au hasard; au contraire, nous sommes là pour veiller sur chacun de tes choix. Nous sommes toujours présents et aux aguets face à tes revirements soudains. Nous devons parfois modifier certaines routes, car tu ne prends pas toujours le bon chemin.

Chaque être humain possède un ange gardien, et nous communiquons entre nous. Sinon, comment voudrais-tu être capable d'entrer en relation avec les bonnes personnes ? Nous savons ce que vous avez besoin de vivre et nous associons les gens qui doivent vivre les mêmes situations. Ce n'est pas un hasard si tu es en compagnie de ces personnes dans ta vie.

À présent, accepte de vivre ces relations pour ce qu'elles ont à t'apporter. Tu aimes quelqu'un ? Continue d'avancer et savoure chaque instant avec cette personne. Tu n'aimes pas quelqu'un ? Comprends la leçon derrière la relation. Plus vite tu comprendras, plus vite cette personne quittera tes énergies. Rien n'est laissé au hasard. »

Exercice : Fais le bilan de tes relations. Vois pour chaque relation la leçon que tu dois comprendre. Ce peut être la compassion envers une personne qui souffre, l'écoute d'une personne imbue d'elle-même, la prise en charge d'une personne souffrante, la violence verbale d'une personne qui a peur et qui se cache derrière son rôle, etc. Qu'as-tu à vivre avec ces gens ?

Cela est réservé pour une autre personne.

J'aimerais te dire...

« Bonjour, mon frère ! Je suis très heureuse de te parler. Je suis contente de voir que la colère s'est éteinte dans ton cœur à propos de moi.

Je veille sur toi, sur ma famille. Je ris avec vous, je pleure avec vous. Nous sommes une grande famille, maintenant. Ne crois pas que je sois revenue. J'ai encore trop de choses à faire ici. J'ai bien vu les enfants (rire). Ils prennent beaucoup de place. Je sais qu'ils te font penser à moi.

Mon âme est grande, maintenant, et j'ai toujours mon cœur d'enfant ; tu ne dois pas l'oublier (rire). J'aime quand tu chantes, quand tu as la musique près de toi, ça change toutes tes énergies.

Si tu veux aider, aide avec ton cœur. C'est ça qui fonctionne. L'homme sur la terre qui possède tout ne possède rien s'il ne l'a pas acquis avec son cœur. Nous sommes tous là avec toi, pour te dire de continuer, de ne pas baisser les bras. D'ouvrir ton cœur et de chanter !

Chante, oui, chante ! Ton cœur s'ouvre grand et se libère de la peine, de la peur et de la colère. C'est pour ça qu'il faut chanter avec son cœur. Je suis avec toi, mon frère ! »

Quelques explications supplémentaires de Marylène
Cette âme est bien et elle est dans sa lumière. Elle est enjouée et elle veut que vous compreniez qu'elle veille sur vous. Elle vous fait une belle suggestion pour augmenter votre taux vibratoire : celle de chanter ! Cela vous aide à vous libérer.

Ton ange aimerait te dire...

« Tu veux que je te parle d'un moment de joie à tes côtés ? C'est quand je t'entends rire. Oui, oui, rire ! Si tu voyais tes énergies dans ces moments-là ! Tu réveilles tout ce qui est inerte autour de toi, tu es contagieuse. Ton rire entraîne les énergies plus loin que la terre, elles se répercutent dans l'Univers tout entier.

Oui, ces moments, je les apprécie. Et je cherche des occasions pour te faire rire plus souvent, alors ne te retiens pas, surtout ! Tu ris même dans tes rêves, et ça donne le même résultat : une secousse dans l'Univers. Par ton rire, tu guéris des gens autour de toi, en plus de guérir des parties de toi-même. C'est magique ! L'être humain est doté d'une capacité de se guérir simplement grâce à son rire.

Je souhaite que ce message puisse te faire sourire et que tu portes dorénavant plus attention à tes éclats de rire. Que ce message te conduise à rire plus souvent avec confiance et légèreté. J'aime te voir heureuse. »

Exercice : Ris au moins 10 minutes par jour pour élever ton taux vibratoire, pour motiver tes cellules et pour les régénérer. Écoute des vidéos drôles, lis des blagues, regarde des comédies à la télé ou sur ton ordinateur, etc. Bref, trouve des moyens de rire souvent. Plus tu ris, plus ta vie et ta santé iront bien.

J'aimerais te dire...

« Pourquoi chercher à tout comprendre ? J'étais comme ça avant et ça faisait mal. C'est encore plus vrai quand on perd quelqu'un qu'on aime. Je suis désolée, m'man, que tu aies à vivre tout ça.

Je te demande pardon. Je ne te demande pas de comprendre. On ne peut pas. Je t'ai blessée, je t'ai fait de la peine. J'en ai moi aussi. Maintenant, je suis bien. Quand je me pose des questions, j'ai des réponses. Je comprends le sens de la vie, maintenant. Pourquoi on choisit de s'incarner...

Tu es une mère extraordinaire (rire) ! Une super maman. On a eu nos hauts et nos bas, comme tout le monde, mais si je revenais, je te choisirais encore. Écoute-la, ma *toune* (chanson). Elle parle vraiment de moi, et de comment j'étais.

Il est encore là (bébé). Je le vois maintenant. Il est heureux. Ça me fait du bien de le savoir là, de savoir ça. Ta vie doit continuer. Je suis fière de toi, fière d'être ta fille. Surtout depuis que je vois tout ce que je vois (rire).

Les gens t'aiment, ils veulent être avec toi. Profites-en. Je n'oublie pas ma famille, non, mais là, c'est avec toi que je voulais parler, que je voulais jaser. J'en avais besoin, pis toi aussi. Et je suis contente, cette fois, de te parler à toi directement. Je t'aime ! »

Quelques explications supplémentaires de Marylène

Cette âme vous demande de ne pas chercher à comprendre les raisons de son décès. Selon sa perception à elle, elle vous demande de lui pardonner. Vous pouvez le faire en allumant une chandelle et en parlant avec son âme. Cette défunte a toujours de l'amour pour vous, quoi que vous puissiez penser.

Ton ange aimerait te dire...

«Sais-tu que c'est un privilège d'être sur terre? Oui. Plusieurs âmes veulent venir expérimenter le plan terrestre, mais pour être choisies, il leur faut avoir une bonne raison, une mission de vie; sinon, elles doivent continuer d'attendre le bon moment.

Tu es en vie et tu es un être unique, qui a une vie unique, même si elle ressemble à celle d'autres personnes. Elle est unique parce que c'est toi qui la vis avec tes émotions et ta personnalité. Nous nous sommes choisis pour accomplir cette mission ensemble et je serai toujours à tes côtés pour te donner ce qu'il te faut pour la mener à bien.

Tu peux me faire confiance et te faire confiance. Tu es remplie de qualités et de talents. Tout ce que tu accomplis est guidé par ton cœur, je le sais, je le vois. Tes intentions sont pures, tu veux toujours ce qu'il y a de mieux pour les autres. Sois aussi fière de toi que tu peux l'être des gens que tu aimes. Apprécie chaque jour le fait d'être en vie et d'être qui tu es.»

Exercice: Prends une feuille et raconte-moi ta vie, dans les détails, surtout. Ensuite, relis-toi. Je veux que tu saches à quel point cette vie est magnifique, même si elle recèle son lot de difficultés et d'épreuves. Je veux que tu saches combien tu es une personne formidable et qui a droit à cette vie-là et à ces expériences.

J'aimerais te dire…

« Oui, je suis bien arrivé ! Fatigué et triste de tout ce qui s'est passé, mais tout va bien, maintenant. S'il y a quelque chose que je suis venu te dire et qui est le plus important, c'est que tu fais bien de croire à tout ça, parce que ça existe vraiment ! Il y a réellement quelque chose de l'autre côté et je te remercie d'y croire.

Parce que ça nous aide à avancer. Parce que ça nous aide à nous ouvrir les yeux. Bien sûr que tu me manques. Je n'avais pas fini de tout faire ce que je voulais faire avec toi. C'est tellement dommage !

Tu avais raison, ils étaient tous là ! Et contents, *à part de ça* (en plus) ! On s'est serrés dans nos bras ; c'était bon et ça faisait du bien. Ça valait la peine.

Mais quand, après tout ça, j'ai vraiment réalisé que je te perdais, toi, c'était plus pareil. Je ne pouvais pas me sentir bien. Il a fallu que je te sente remonter la pente pour y aller à mon tour.

Je t'aime, ma chérie, je t'ai toujours aimée et je continue ici. Je pense à toi, à la famille. Je vais continuer d'y croire, et continuer d'aller vous voir. Je t'embrasse partout (rire) ! »

Quelques explications supplémentaires de Marylène
Votre défunt avance tranquillement dans sa lumière. Il a de la difficulté à se séparer de vous. Il a besoin de savoir que tout va bien pour vous, que vous êtes bien pour qu'il continue, de son côté, à évoluer. Rassurez-le, dites-lui à quel point vous allez de mieux en mieux. Cela va l'aider à rejoindre sa lumière plus rapidement.

Ton ange aimerait te dire...

« Un jour à la fois... tu dois prendre un jour à la fois. Rien ne sert de t'énerver tout de suite. Laisse les choses se dérouler comme elles le doivent. Au moment nécessaire, tu auras tout ce qu'il te faut pour vivre cette expérience.

Tu perds tellement d'énergie et de temps à imaginer des scénarios qui ne se produiront jamais. Chaque minute, chaque seconde, un humain change les possibilités de ce qui survient finalement. Alors, tu peux imaginer autant de scénarios que tu veux, tu es loin de la réalité finale.

Profite du moment présent, regarde et apprécie ce qui t'entoure. Souris aux gens qui sont avec toi; prends le temps de te poser et de réaliser que la réalité, c'est ce qui se passe ici et maintenant, non pas hier ou demain. Je suis avec toi et je veille sur toi. »

Exercice: Prends une grande respiration. Inspire par le nez et expire lentement par la bouche en comptant jusqu'à sept (7). Fais-le trois fois en te concentrant. Voilà, ton niveau d'anxiété vient de diminuer, tes idées deviennent plus claires et tu peux maintenant prendre le temps de choisir ce qui est le mieux pour toi.

Des guides spirituels travaillent sur la question.

J'aimerais te dire…

« Quand on est vivant, on essaie de faire de son mieux et ce n'est pas toujours facile. J'ai aidé beaucoup de gens dans ma vie. C'était ce que je voulais faire. J'ai réussi au-delà de mes attentes. Dommage qu'on doive porter un costume pour se faire comprendre. Alors que parfois, notre voisin ou notre consœur peuvent avoir les bonnes paroles, les mots justes, pour nous aider tout autant.

J'ai vu beaucoup de choses dans ma vie. Des misères humaines. Chaque fois, cela me faisait grandir. J'ai un regret : ne pas avoir eu une famille à moi. Ah, j'avais une très grande famille (rire) ! Non, c'est autre chose.

Je me réserve ça pour ma prochaine vie (rire) ! Ça me fait plaisir que tu aies demandé à me parler. J'ai été surpris, mais heureux de voir combien je compte pour toi. Tu sais, là où je suis maintenant, je peux vous entendre, je sais écouter (rire). Et si je peux encore vous aider, je vais toujours être heureux de le faire.

Continue de prier, le Seigneur t'entend lui aussi. On découvre beaucoup de choses en arrivant ici, et je ne regrette pas la vie que j'ai choisie. L'important, c'est de faire les choses avec amour. Sois en paix dans ton cœur ! »

Quelques explications supplémentaires de Marylène

Paroles très sages de ce défunt pour vous. Bien sûr, il est dans la lumière et il est conscient de ce qui se passe encore sur le plan terrestre. Il énonce malgré tout quelques regrets. Vos prières sont entendues par tous ceux à qui vous les adressez.

Ton ange aimerait te dire...

« Tu crois que cela n'arrive qu'à toi ? Détrompe-toi. Chaque être humain a son lot de difficultés, son propre karma. Sache que c'est toujours le résultat de tes choix. Oui, tu peux modifier ces choix dès maintenant, il te suffit de le décider.

Tu as tout ce qu'il te faut pour changer ta vie, modifier ce qui ne te convient pas. Les leçons que tu dois apprendre dans ta mission terrestre ne sont pas obligées d'être douloureuses ou éprouvantes. Tu peux tout aussi bien apprendre certaines leçons dans le plaisir et dans la résilience.

N'attends pas après les autres. N'attends surtout pas que les gens changent, car c'est à toi de changer. Tu ne peux rien faire pour que les autres soient différents. Toi seule peux agir. Je viens vers toi aujourd'hui pour te dire qu'il est grand temps que tu poses un geste, que tu fasses une action. Tu n'es pas seule, je suis avec toi ! »

Conseil de ton ange gardien : Même si les changements font peur, ils sont toujours bénéfiques pour ton évolution terrestre. Ils sont parfois nécessaires pour que tu puisses accomplir une nouvelle partie de ta mission et retrouver un bien-être vital. Ne perçois pas ces changements comme une épreuve ou une difficulté ; ils n'en sont pas.

Quelque chose de mieux t'attend.

J'aimerais te dire...

« C'est certain que je voulais te parler ! C'est dur, crois-moi. Je pensais que ça allait être plus facile que ça. Eh non ! C'est comme sur la terre quand j'attendais des signes des autres. *Astheure* (À présent), je comprends mieux. Tu sais, c'est une question d'énergie, d'énergie pis d'émotion.

Je t'embrasse et je voudrais donc te serrer dans mes bras ! Je comprends *p'tits bouts* par *p'tits bouts*. Je ne vous ai pas tout dit parce que je ne voulais pas vous inquiéter. Est-ce que je le referais ? Je ne sais pas. Merci à toi d'avoir été là, à ta façon.

Tu sais, je viens te voir dans tes rêves quand tu dors (rire) ! Je ne vois pas tout, non, heureusement (rire) ! Je ne sais pas tout non plus. Je te demande d'y croire, de croire à tout ça, pas juste pour moi, mais pour toi aussi. Tu vas vouloir que *ton monde* (ton entourage), ta famille puisse croire que tu continues ta vie ailleurs.

Là où je suis, je ne t'oublie pas. Je veux que tu saches que même si tu me demandes des choses, je n'ai pas le droit de les faire. Tu dois vivre ce que tu as à vivre. Je suis là pour veiller sur toi. Pour partager mes énergies avec toi quand je le peux. Oui, ça, je peux le faire. J'ai encore besoin de tes prières, et surtout de t'entendre me parler. Je t'aime ! »

Quelques explications supplémentaires de Marylène

Votre défunt évolue tranquillement. Il semble inquiet de vos croyances et de votre sommeil. Surtout, il vous explique qu'il peut vous accompagner dans votre vie, mais qu'il ne peut pas faire les choses à votre place. Il ne peut influencer le plan terrestre pour vous faire obtenir ce que vous désirez.

Ton ange aimerait te dire...

« Ne juge pas les gens. C'est quelque chose que tu détestes penser qu'ils font envers toi. Chaque être humain a son propre karma. Ces êtres incarnés ont pris des chemins différents pour accomplir leur mission, et tu devrais être fière d'eux. Je t'invite à tendre la main à ces personnes pour les aider.

Il ne sert à rien de te comparer aux autres, car tu n'as pas les mêmes choix à faire, les mêmes situations à vivre. Alors, tu ne dois pas envier ceux qui t'entourent. Cela fait partie de ta mission de comprendre cela. Comprendre tes besoins est nécessaire à l'accomplissement de ce que tu es venue chercher sur la terre.

Tu es unique et tu es merveilleuse. Je suis enchanté d'être près de toi pour vivre ces expériences. Tu peux me demander de l'aide, je serai toujours là près de toi, pour t'encourager ou te consoler. Tu peux écrire ce qui se passe à l'intérieur de toi. Cela fait du bien de sortir le trop-plein que l'on ressent à l'intérieur. »

> *Exercice : Prends une feuille de papier et installe-toi dans un endroit tranquille. S'il fait beau à l'extérieur, je te suggère de t'installer dehors. Ferme les yeux et prends quelques respirations avant de commencer. Écris ensuite tout ce qui te dérange, tout ce qui te fâche ; écris ou dessine sur cette feuille tes états d'âme. Une fois que tu as terminé, brûle cette feuille pour éliminer ces énergies.*

J'aimerais te dire...

« Non, n'essaie pas ça, maman, tu n'y arriveras pas ! Oui, je sais que tu as encore beaucoup de peine et que par moments, tu vas mieux. J'aime tellement ça te voir ainsi ! Si tu savais comme ça m'aide à continuer !

Il y a tellement de choses qu'on ne comprend pas sur la terre et qu'il est si facile à comprendre ici. Par exemple, notre séparation à toutes les deux, c'est temporaire, on va se retrouver un jour. Crois-moi, je te le dis.

Papa. Je sais que c'est difficile aussi pour lui. Ce n'est pas la même chose. Il faut lui pardonner. Je vous aime tous les deux, vous êtes ma vie sur terre ! Maman, je te fais des petits coucous. Je choisis la nature et les animaux, c'est plus facile avec ces énergies-là.

Ici où je suis, c'est de l'amour, de l'amour à n'en plus finir ! Et de la chaleur aussi. J'ai aimé faire ce que j'avais commencé sur la terre ; ça faisait partie de moi, de ma mission. Je poursuis tout ça pendant que je suis ici.

Tu es une bonne mère, vous avez été de bons parents pour moi ; je ne veux pas vous voir en douter (rire). Si vous voulez toujours mon bien, alors soyez heureux, riez et amusez-vous. C'est de cette façon que vous allez m'aider. Je vous serre fort et je vous embrasse fort. Je vous aime ! »

Quelques explications supplémentaires de Marylène
L'âme de cette personne est à l'écoute de vos émotions. Lorsque vous allez bien, elle chemine ; lorsque vous avez de la peine, elle s'arrête. Elle est bien dans sa lumière ; cependant, ça ne l'empêche pas de venir vous visiter. Continuez votre processus de deuil, cela vous fait cheminer tous les deux.

Ton ange aimerait te dire...

« Les animaux sont des êtres vivants remplis d'énergie et d'amour inconditionnel. Te trouver en présence des animaux est bon pour toi. Ils peuvent comprendre ce que tu ressens et ils peuvent te changer les idées par leurs demandes d'attention ou de caresses. Ne sous-estime pas cet exercice.

Ton âme entre en contact avec l'âme de l'animal; au-delà du plan terrestre, vos âmes communiquent ensemble. Elles trouvent des solutions à ton mal-être ou à tes difficultés. Toi, tu penses que l'animal veut juste jouer ou est inutile, mais détrompe-toi: il est parfois indispensable à ta guérison.

Je te suggère d'aller vers un animal, de t'asseoir et de le prendre dans tes bras ou de le flatter. Imprègne-toi de ses énergies et remercie-le silencieusement de ce qu'il t'apporte en cet instant. Pense à lui avec amour pour un retour d'énergie et crée un équilibre spirituel. »

J'aimerais te dire…

«Je t'avoue que ça fait longtemps. Au début, j'étais plus présent. Maintenant que vous avez tous grandi et avez tous votre vie, vos familles, je viens moins souvent vous visiter. Sauf quand vous parlez de moi (rire)! Vous la racontez encore, cette histoire-là à propos de moi (rire)? C'est bien correct!

Oui, je suis encore là pour toi, je suis toujours à tes côtés. Je ne comprends plus certains aspects de la vie, mais je suis à l'écoute de tes émotions. Et tu en as (rire)! Je suis fier de ce que tu es devenue. Je sais que c'est important pour toi que je te le dise. Tu as hérité de mon caractère (rire)!

Je suis venu te dire de continuer. Dis ce que tu as à dire, un point c'est tout! Et si tu veux, je peux te donner le courage de le faire. Tu n'as qu'à penser à moi, et c'est fait. Oui, oui, essaie-le (rire)!

Si j'étais encore vivant, nous serions proches, tous les deux. Parce que ta vie ressemble à ce que j'aurais voulu vivre. On se serait bien entendus, bien accommodés (rire).

Continue, ma belle, je suis derrière toi, plus que jamais. Quand on va se retrouver, un jour, on va parler de ce message-là. En attendant, je t'embrasse fort!»

Quelques explications supplémentaires de Marylène
Votre défunt est assez évolué dans l'au-delà; il est détaché des notions terrestres. Cela dit, il est encore à vos côtés lorsque c'est nécessaire. Vous pouvez lui demander de l'aide lorsque vous avez besoin de courage. Il est prêt à partager ses énergies avec vous.

Ton ange aimerait te dire...

« C'est un moment spécial aujourd'hui, un moment historique. Est-ce que tu sais que ce moment est unique ? Qu'il ne reviendra jamais ? Soit tu en profites et tu remercies ton âme d'avoir choisi de t'incarner en cette période, soit tu pleures sur ton sort et tu cherches à éviter ce moment. À toi de choisir.

Sache que lorsque tu seras de retour dans l'au-delà, tu reverras cet instant précis et tu verras les choix que tu fais ; soit tu seras fière de toi, soit tu te diras que dans ta prochaine vie, tu feras mieux. Tu as le goût de tout recommencer dans une prochaine vie ? Non ? Tant mieux ! Alors, saisis l'occasion de ce moment présent.

Qu'à tes yeux, il soit beau et heureux, ou laid et difficile, tu es en train de le vivre. Change ta perception, vois les solutions qui se trouvent devant toi ; je t'apporte ces solutions pour que tu puisses évoluer. Je ne te laisserai jamais tomber, peu importe les choix que tu feras. »

Exercice: Écris dans ton journal ou sur une feuille de papier les moments forts de ta journée. Inscris tes observations, tes émotions et ce que tu penses que tu dois comprendre à travers chacun de ces moments. Quelles leçons crois-tu pouvoir retirer de ce qui t'est arrivé aujourd'hui ? Plus tu comprends ces leçons, plus vite tu évolues et tu grandis. Voilà le but principal de ta mission terrestre.

Plus tard aujourd'hui, tu auras ta réponse.

J'aimerais te dire...

« Hé que je t'en ai voulu, à toi (rire) ! C'est fou tout ce qu'on comprend quand on arrive ici. Attends de voir ça (rire) !

Je suis souvent venue à tes côtés. Tu es même capable de me sentir, des fois. Te voir à partir d'une autre dimension m'a permis de comprendre bien des choses à ton égard.

J'ai fini par accepter. Il y a des choses qu'on ne peut pas changer. Il était trop tard. Il aurait fallu que je réalise tout ça bien avant.

Toi, tu as encore des choses à apprendre et à comprendre. J'ai réalisé que tu étais une personne très sensible. Tu traînes avec toi du mal qui ne t'appartient pas. Des peines et de la culpabilité qui n'ont pas leur place dans tes énergies. Tu as voulu m'aider. Maintenant, c'est à mon tour. Lâche ce lourd fardeau familial. Vis ta vie à toi. Laisse faire ce que pensent les autres.

Je t'envoie des becs et des papillons. Des papillons parce qu'ils sont la transformation. Ouvre tes ailes, tu as tellement de choses encore à vivre. Laisse-moi m'occuper du reste. Sois tranquille, sois en paix !

Je t'aime, ma sœur. Tu es plus qu'importante dans ma vie d'âme. Je t'attends pour jaser n'importe quand (rire) ! »

Quelques explications supplémentaires de Marylène

Voici tout un message de la part de votre défunte ! Cette âme vous dit qu'elle comprend maintenant la nature de votre relation à toutes les deux lorsqu'elle était vivante sur terre. Elle vous encourage à lâcher prise au sujet de votre famille, à vivre votre vie à vous, sans vous soucier des autres. Et de surveiller les papillons, c'est un signe de cette défunte !

Ton ange aimerait te dire...

«Dépasse-toi! Tu es capable d'aller plus loin, d'en faire plus. Tu es capable de résoudre ton problème, de trouver la solution. Tu n'as qu'à regarder à l'intérieur de toi, car tout est là. Développe ta confiance en toi, c'est ton plus grand outil de réussite. Grâce à cette confiance, tu peux gravir les montagnes et passer au travers de tous les obstacles que la vie met sur ta route.

Oui, je t'aide, oui, je te place dans des situations qui semblent un vrai casse-tête; c'est parce que je sais que tu peux y arriver. Il n'y a rien de ce que tu vis que tu n'es pas assez forte pour supporter, je te rassure. Pour tout ce que tu vis, les hauts comme les bas, tu as tout en toi pour les surmonter.

Sur ce chemin terrestre, tu es seule; dans l'Univers, nous sommes plusieurs à être à tes côtés. Nous sommes une équipe. Alors, redresse la tête, secoue-toi et fonce dans cette situation avec toute la confiance que tu possèdes. On croit en toi!»

Conseil de ton ange gardien: Ne reste pas seule avec un problème. Va trouver une personne de confiance, positive et optimiste, pour lui raconter ce que tu vis. Elle pourra t'éclairer et te donner une piste à suivre. C'est un peu moi qui lui soufflerai les réponses...

Cherche au fond de toi, la réponse s'y trouve.

J'aimerais te dire...

« C'est bien toi ? Alors là, ça me fait plaisir. Mais qu'est-ce que tu veux que je te dise (rire) ? Vous êtes drôles ! Vous nous demandez, vous nous embêtez (rire) !

On veut bien vous aider, mais on ne peut pas. On vous encourage, bien entendu. On est solidaires de vous, sauf qu'on ne fait plus partie de la solution. On est partis. On fait des prières pour que vos âmes soient fortes. Certains guides vous donnent des solutions. Mais très peu sont à l'écoute de ces guides. Ils ont peur. Tu veux que je te dise ? Ceux qui savent écouter leur cœur vont s'en sortir. Ceux qui seront à l'écoute des autres.

Tout passe par l'écoute et l'amour. Apprends cela. Ensuite, eh bien, tout dépendra de ce que vous en ferez. Nous sommes prêts. Nous accueillons ici ceux dont la mission est terminée. Tout comme j'ai été accueilli ici au moment de ma mort.

En ces temps d'insécurité pour vous tous, unissez-vous pour prier. Il ne faut pas nier, il faut parler. Je suis fier de toi, car je te sens debout à braver cette tempête ! Oui, à toi seule, tu peux faire toute la différence ; n'en doute pas !

J'allais te visiter souvent avant. Maintenant, je garde mes énergies pour m'élever et continuer de cheminer. Je communique avec toi d'une autre manière. »

Quelques explications supplémentaires de Marylène

Cette autre manière dont parle votre défunt s'appelle la télépathie. Il vous prodigue un conseil très important : tout passe par l'écoute et l'amour. S'il vous donne ce message, c'est que vous avez ces capacités en vous ; utilisez-les. La prière aussi est importante. Utilisez vos propres mots pour prier ; faites-le avec votre cœur.

Ton ange aimerait te dire...

« En venant au monde, tu as apporté avec toi plusieurs qualités ; en fait, tous les humains viennent au monde avec de belles qualités. Ce qui fait que ces qualités changent en cours de route, c'est l'environnement dans lequel les humains grandissent. C'est le monde dans lequel tu vis maintenant.

Ce qui est merveilleux, c'est que toi, tu peux changer ce monde. Oui, tu peux le faire grâce à tes actions, grâce à tes pensées. Tu es un exemple. Les gens autour de toi vont bénéficier de ce que tu fais et de ce que tu dis, c'est important. Je te ramène à ton choix de vie. Tu voulais apporter un changement de conscience dans ce monde, il est maintenant temps de le faire.

Je suis à tes côtés pour cet éveil. Je guiderai chacun de tes gestes, chacune de tes paroles. Deviens consciente de ce que tu sèmes sur la terre, car c'est ce qui grandira quand tu seras partie. »

Conseil de ton ange gardien : N'écoute pas les autres lorsqu'ils parlent négativement ou lorsqu'ils font de mauvaises actions. Écoute ton âme, ton cœur ; ils t'inspirent à toujours faire le bien autour de toi et à le percevoir dans chaque situation ou relation. C'est grâce à ce que tu vois et ressens que tu peux faire les bons choix.

Tu recevras une aide céleste.

J'aimerais te dire...

« Allô, ma fille (rire). Ah, que je suis heureuse que tu m'entendes ! Ton père dort, il ne faut pas le déranger, il a besoin de ses énergies. C'est moi qui suis avec toi. Même si ça fait drôle, j'avais hâte ! On a été entendues (rire) !

Oui, je vais bien. Le temps de m'accoutumer à cette nouvelle période de ma vie. Non, ce n'est pas agréable, ce qui vous arrive. On est présents avec vous comme on le peut. Mais on ne peut pas s'en mêler. C'est à vous de vivre tout ça et de passer au travers. Merci pour les fleurs et pour la photo aussi. Je savais que tu en prendrais soin.

J'aurais voulu avoir le temps de te parler avant de partir. Je ne savais pas tout ce que j'ai réalisé ici. Je reviendrais cinq minutes juste pour ça. J'ai eu des manques avec toi, je n'ai pas toujours été juste, je le réalise maintenant. J'espère que tu me pardonneras.

La vie d'une maman, ce n'est jamais de tout repos. On essaie de faire de son mieux. Heureusement, on a de beaux souvenirs ensemble. Tes visites me faisaient du bien. Merci de m'avoir aidée.

Je suis en train d'étudier, d'apprendre. C'est important. Ça, c'est pour une autre vie qui m'attend. Non, ce n'est pas pour tout de suite, ne t'inquiète pas (rire) ! Je vais te revoir bien avant ! »

Quelques explications supplémentaires de Marylène
Cette défunte aurait bien des choses à dire. Elle avance tranquillement dans sa lumière, elle chemine bien. Cette âme commence à comprendre ce qu'elle était venue faire sur terre et elle exprime certains regrets. Elle vous demande pardon pour ce qu'elle réalise et se remémore de bons souvenirs à vos côtés. Faites des prières pour elle afin de l'aider à poursuivre son cheminement.

Ton ange aimerait te dire...

« Tu demandes, tu demandes sans cesse... Est-ce que tu donnes ? C'est une bonne question, n'est-ce pas ? Plus tu donnes, plus tu reçois ; c'est une vieille leçon que l'on vous a pourtant enseignée et que vous avez tendance à oublier. Nous sommes heureux de vous donner ce que vous demandez ; cependant, nous sommes tellement fiers de vous lorsque vous donnez en retour.

Observe les gens autour de toi : ils prennent, mais ils donnent rarement. Ils se disent : « Les autres le font, pourquoi pas moi ? » Alors que si ces gens changeaient leurs manières de penser, le monde serait différent.

Apprends à donner : du temps, un sourire, un conseil ou des objets qui ne te sont plus utiles... Plus tu donnes, plus tu reçois, je te le rappelle. Alors, que veux-tu plus que tout dans la vie ? Es-tu prête à donner l'équivalent ? Bravo ! Je suis fier de toi. »

Exercice : Prends une feuille sur laquelle tu traceras deux colonnes. Sur celle de droite, inscris tes demandes, tout ce que tu désires. Sur celle de gauche, inscris ce que tu donnes ou ce que tu es prête à donner. Au bout du compte, tes deux colonnes devraient être en équilibre pour que ta vie le soit aussi.

Mercredi prochain.

J'aimerais te dire...

« Prie, ma fille. C'est de ça que vous avez besoin en ce moment. Les choses vont s'arranger, on ne peut pas rester de même. J'en ai vu des pires (soupir) !

Comme de vous quitter... Je n'étais plus bien, je vivais la grande tourmente. Il y a quelques années à peine, j'avais l'impression d'avoir le goût de vivre. Tout allait mieux. J'avais décidé de laisser le passé derrière moi. Après ça, je n'en ai pas eu longtemps. Je n'ai pas de regrets.

J'aime chanter. Ici, c'est ce que je fais. Il n'y a plus rien pour m'arrêter. Je ne suis pas gênée ! Je chante avec mon cœur, c'est ce qui est différent. Je chante pour toi, pour te consoler. Je chante pour ma famille.

Tu sais, ma fille, l'amour continue de l'autre côté. C'est différent, mais c'est encore plus fort. Ton père et moi, on s'est pardonnés. On avait beaucoup à se dire. Je l'ai écouté ; c'est lui qui souhaitait parler le premier (rire). Je ne voulais pas vous abandonner. Oui, c'est triste de nous voir quitter la vie terrestre, mais c'est aussi bon pour nous de nous retrouver où on est.

Merci pour tout. Je l'apprécie. Oui, j'ai pu t'entendre avant de partir. Tu m'as aidée. Je ne suis pas seule, et oui, je vais revenir te faire des coucous. Surveille-moi ! »

Quelques explications supplémentaires de Marylène
Dans ce message, la défunte vous explique les derniers moments de sa vie sur terre. Là où elle est maintenant, elle prend plaisir à chanter, ce qui élève ses vibrations et lui donne de l'énergie pour cheminer vers sa lumière. Surveillez les manifestations et les signes autour de vous ; ils proviennent de cette défunte.

Ton ange aimerait te dire...

«Tu veux un message? En voici un: rends les autres heureux autour de toi. Prends quelques instants pour te demander ce qui te rendrait heureuse... Tes enfants, ton partenaire, tes frères et sœurs, tes parents, tes amis, tes collègues? Une petite attention, un mot, un appel... Aller faire une course, garder un enfant, prendre soin d'un animal...

Peu importe le temps que tu consacres à penser à ces gens, c'est déjà une belle énergie que tu leur envoies, et ils la recevront. Ne dit-on pas que c'est l'intention qui compte? Et si tu faisais davantage qu'envoyer une intention? C'est le message que j'ai pour toi aujourd'hui. Tu veux que je t'aide? Je le ferai dès lors que tu auras réalisé quelque chose pour quelqu'un.

Tu dois agir avec sincérité, sans rien attendre en retour. Ce qui donne le plus d'énergie, c'est ce que l'on donne ou fait pour les autres... sans avoir d'attentes! Tu augmentes ainsi ton karma positif, tu collabores à créer un monde terrestre meilleur et, si tu observes comment tu te sens par la suite, tu verras que tu améliores ton taux vibratoire.»

Exercice: Pense à une personne de ton entourage. Tu peux demander à ton âme de te faire penser à celle qui a le plus besoin de toi. Ensuite, demande-toi ce qui ferait plaisir à cette personne en ce moment. Quelle action peux-tu faire pour améliorer sa vie? Maintenant, passe à l'action et vis l'expérience d'avoir fait cela pour elle.

Lève la tête et ouvre les yeux. La réponse est juste là.

J'aimerais te dire…

« Allô, ma fille ! Rien ne me fait plus plaisir que d'avoir des contacts avec toi. Je ne suis jamais vraiment partie, c'est juste que je suis maman d'une autre façon. C'est très important pour moi que tu le saches.

C'est bien correct que tu aies eu d'autres personnes importantes dans ta vie. C'est normal, tu en avais besoin. Mais sache que chaque fois que ça a été important, j'étais là aussi.

C'est normal de se poser autant de questions. Je suis aussi contente de voir que tu me ressembles autant (rire) ; oui, dans les bons côtés ! J'étais heureuse et comblée de t'avoir eue dans ma vie. Pour répondre à ta question et que tu arrêtes de te la poser : oui, je vais être encore ici quand tu vas partir.

Je continue mon évolution dans une autre dimension. Imagine-toi que j'ai encore bien des choses à vivre et à comprendre. Je suis heureuse et les membres de la famille, de ma dernière famille, sont avec moi pour continuer l'évolution familiale.

N'hésite pas à me parler, à me poser des questions pour comprendre. Je serai toujours là pour toi. Je suis fière de ton évolution et je te souhaite le plus beau bonheur qui soit ! »

Quelques explications supplémentaires de Marylène
Cette âme est en paix et chemine dans sa lumière. Elle est contente que vous ayez ce message aujourd'hui et vous prie de continuer de lui parler ; elle vient vous voir lorsque vous le lui demandez. Elle continue son évolution et elle est très occupée dans son nouveau monde.

Ton ange aimerait te dire...

« Arrête-toi quelques instants pour réfléchir. Est-ce que ce que tu vis en ce moment est en accord avec toi, avec ta mission de vie ? Tu te demandes comment le savoir ? C'est simple : es-tu heureuse ? Éprouves-tu une sensation de bien-être lorsque tu te lèves le matin ? Es-tu fière de toi lorsque tu vas te coucher, le soir venu ?

Si oui, tu es en accord avec ce que tu es venue accomplir sur la terre. Si tu hésites, il te faut remettre en question certains de tes choix, certaines de tes relations. Si tu réponds non, alors nous avons un problème. Tu n'es pas en accord avec ton incarnation, et cela crée un déséquilibre dans ta vie.

Heureusement, nous pouvons rétablir l'équilibre ensemble. Je te donne des solutions ; toi, tu passes à l'action. Ne tarde pas trop, car il est facile de s'ancrer dans de mauvaises habitudes et de diminuer son taux vibratoire. Plus tu t'enlises, plus il devient difficile d'en sortir. Alors, es-tu prête pour cette réflexion ? »

Conseil de ton ange gardien : Je te demande de faire cette réflexion maintenant, car les énergies s'y prêtent ; cependant, je te suggère de réfléchir régulièrement. Plus tu t'y adonnes souvent, mieux tu pourras suivre ton évolution et savoir si tu vis en accord avec ta mission de vie. C'est ce qui te rendra heureuse et fière.

La réponse se trouve plus haut sur cette page.

J'aimerais te dire...

« Comme il est long le temps où je dois vivre sans toi ! Merci pour tout notre amour. Merci à toi d'avoir accepté de le vivre. Tu m'as rendu heureux, c'est vraiment le bonheur. Maintenant, je peux le dire. Avec tout ce que je vois. Toutes ces attentions que tu me donnais.

J'étais prêt à partir. J'avais fait tout ce qu'il fallait. Il m'en reste encore à comprendre, mais je garde ça pour une autre vie. Je suis bien où je suis, car les tracasseries, c'est fini. Je ne voulais pas non plus que tu aies à vivre tout ça. C'était déjà bien assez éprouvant comme ça.

Tu dois continuer sans moi. Te réhabituer (rire). Je sais que ce n'est pas facile, mais je vois que tu vas de mieux en mieux. Je suis fier et j'espère que tu vas continuer. Avec moi, tu as su développer ta patience et ta persévérance (rire). Sers-t'en ! Tu es à la croisée des chemins, et en même temps, à l'aube de ta vie. Profites-en bien. Fais ce dont tu as toujours rêvé. Je veille bien sur toi, ne t'en fais pas.

Merci pour ces magnifiques années. Je serai prêt à t'accueillir quand viendra ton tour. J'aime quand tu me racontes ta journée, ça me fait encore grandir, tu sais. Et merci d'allumer la chandelle, c'est ce qui m'a aidé à garder espoir ! »

Quelques explications supplémentaires de Marylène
Il y a beaucoup d'amour dans ce message. Votre défunt vous dit merci pour le temps où vous avez été ensemble. Il vous encourage à reprendre votre vie en main et à profiter de chaque instant. Lorsque viendra le moment pour vous de quitter le plan terrestre, il sera là pour vous accueillir ; n'en doutez pas.

Ton ange aimerait te dire...

« Sourire est une simple action, mais tellement pleine de retombées positives, ne trouves-tu pas ? Un sourire peut tout changer. Demande quelque chose avec le sourire, et pour la personne devant toi, il sera difficile de te le refuser. Offre un sourire à quelqu'un et observe comme sa gestuelle change. La personne peut être gênée, ce qui témoigne d'un mal-être, ou te sourire en retour, ce qui crée un lien invisible entre vos deux âmes.

Ça ne te coûte rien, ça ne te demande qu'un tout petit effort et ça peut faire tellement la différence. Et tu sais à qui il est important de sourire tous les matins ? À toi ! Oui, à toi. Tu dois apprendre à te sourire devant la glace ou tout simplement en t'adonnant à tes occupations. Les gens aiment les personnes souriantes, car elles dégagent un charisme et une énergie, et c'est ce qui les rend attirantes.

Allez, souris ! Oui, en lisant ce message, souris. Quelqu'un le remarquera, et cela lui apportera un peu de bonheur, même s'il ne sait pas pourquoi. On devient contagieux quand on sourit, on touche les gens par ce seul geste. »

Exercice : Tu te doutes bien de l'exercice que je vais te demander de faire ! Oui, c'est exactement cela : promène-toi pendant toute une journée et souris aux gens que tu rencontres en les regardant dans les yeux. Vois leurs différentes réactions. Fais de cet exercice quelque chose d'amusant et de ludique. Cette expérience t'apportera beaucoup.

J'aimerais te dire...

« Allô ! Excuse-moi. Je n'étais pas prête ! *Le monde* (on) me réclame tout le temps (rire) ! Pour toi, je vais toujours être là. Mais tu es grande et tu es capable de te débrouiller, je le sais (rire) !

Non, je n'étais pas prête à partir. Ce qui est *plate* (dommage), c'est que je l'ai réalisé juste au moment où c'était terminé, au moment où je partais. C'est vrai qu'on voit toute sa vie défiler. Ça va très vite. Sur le coup, on ne comprend pas trop. C'est après qu'on sait ce que tout cela veut dire. Je m'ennuie de vous autres !

Il me semble que je *fitterais* (j'irais) bien dans vos vies (rire) ! J'aimerais ça, m'obstiner encore ! Oui, je vous parle. Oui, je viens vous voir. Ça dépend comment vous *feelez* (comment vous vous sentez). Je suis contente quand vous venez me voir (rêves), y en a pour qui c'est plus facile que d'autres. Quand tu fais jouer de la musique, je suis toujours là. En fait, dès que vous vous amusez, je suis là.

Tu sais, je peux t'aider pour certaines choses, mais pour d'autres, je ne peux rien faire. Comme aller parler à une autre personne... (rire) ! Ah, mais je suis à l'écoute ! Des petits aussi, bien sûr !

Je voudrais, moi aussi, être encore avec vous autres, mais je vais bien où je suis. Parle-moi encore, j'aime ça et ça me fait du bien. »

Quelques explications supplémentaires de Marylène

Cette âme vous explique qu'elle est très sollicitée, mais que vous allez toujours passer en premier. Elle énonce quelques regrets, mais elle chemine très bien dans sa lumière, maintenant. Lorsque vous prenez du plaisir, elle est parmi vous. Elle vous rappelle qu'elle peut vous encourager, mais qu'elle ne peut influencer les autres personnes.

Ton ange aimerait te dire…

« Réalise tes rêves. Rien n'est impossible. La grandeur de ton âme peut accomplir tout ce que tu désires, tout ce que tu souhaites. Il te suffit d'écouter la petite voix qui s'exprime au fond de toi. Ce n'est pas farfelu.

Ce que tu veux vraiment obtenir, tu peux le réaliser. Avec mon aide, ces demandes deviennent réalité. Tout ce que je te demande, c'est d'y croire et de passer à l'action. Parfois, il ne s'agit que de faire un appel ou d'envoyer un mot à la bonne personne, et voilà ton rêve en voie de devenir réalité.

Ce qui aide ton âme à revenir dans son corps chaque matin, c'est la motivation de ces rêves, le désir de réussir ta mission terrestre. Cette vie a besoin de scintillement, et celui-ci est apporté par tes souhaits profonds. Je suis venu te dire que tes rêves sont sur le point de se réaliser et qu'à nous deux, nous pouvons prouver que c'est vrai. »

Exercice : Sur une feuille de papier ou sur un tableau, note ou dessine ce que tu souhaites réaliser dans ta vie. Installe ces notes ou ce tableau bien en évidence afin de les voir chaque matin à ton réveil. Ainsi, tu sauras que tu fais tout ce que tu fais dans tes journées et que je t'envoie ces signes pour… te conduire directement vers la réalisation de tes buts.

Tu dois y mettre du tien.

J'aimerais te dire…

« L'important, c'est toujours l'amour d'une famille. J'ai fait ma part. J'ai fait ce que j'ai pu en tant que mère. J'ai trouvé ça plus facile qu'être une jeune fille. Je suis partie toute croche, mais je me suis relevée, je me suis reprise.

Tant mieux si j'ai pu aider les gens. Il y en a plusieurs qui sont rendus ici et qui me disent merci. Ça me fait du bien.

Ne te cache pas pour me parler. Je comprends tout, maintenant. Ça n'a pas été facile pour toi, mais sache que je suis derrière toi. Et que j'appuie tes démarches. Je n'en connais pas le résultat final, mais je ne veux que ton bien.

La vie nous cause bien des tourments, mais c'est nous qui l'avons choisie. Avec ses hauts et ses bas. Je souhaite ce qu'il y a de mieux pour toi dans cette évolution terrestre. Prends tout ce que tu peux. Emmagasine les souvenirs, ils sont importants lorsque tu viens ici. Ils t'aident à remonter !

Je suis fière de toi. Fière d'avoir été ta maman. Avec tout ce bagage, toi et moi, on a réglé beaucoup de karma. Couvre-toi de lumière et sois confiante en ton avenir, toi seule peux le changer. J'ai bien hâte de te retrouver ! »

Quelques explications supplémentaires de Marylène

Il y a beaucoup d'encouragements dans ce message. Votre défunte vous appuie et vous témoigne de la fierté par rapport à vos choix. Elle vous dit qu'ensemble, vous avez réglé ce que vous aviez à régler dans cette vie et que maintenant, votre vie vous appartient, que c'est à vous de choisir ce qui vous convient le mieux.

Ton ange aimerait te dire...

« La santé est ce qui est le plus important pour toi en ce moment. En fait, il est important que tu sois en santé pour accomplir ta mission. Pour vivre sur le plan terrestre, tu as besoin d'un corps physique qui héberge ton âme. Tu as besoin de ce corps pour la faire évoluer.

Ton corps physique, c'est ton temple. Tu dois en prendre soin autant en ce qui concerne son fonctionnement interne que son apparence. Sans exagérer, bien sûr ! Je peux t'aider à rester en santé ou à acquérir une meilleure santé. Je peux te guider vers une alimentation plus équilibrée, vers de bons exercices. Je te connais bien, je sais ce que tu es capable de faire.

Je peux te guider vers les bonnes personnes pour te guérir, pour régler certains malaises. Il te suffit d'écouter ton intuition, je te guide à travers elle. Il n'y a pas de miracles. Tu dois comprendre l'origine de tes douleurs, de tes maladies, pour faire cesser la souffrance de ton corps physique ; tu as encore beaucoup de choses à apprendre en ce qui le concerne. »

Conseil de ton ange gardien : La prochaine fois que tu ressentiras une douleur ou un malaise, demande-toi tout de suite ce qui ne va pas dans ta vie, ce que tu n'acceptes pas... Bien souvent, tout part de ce point. Je peux t'aider à trouver ces réponses, et surtout t'aider à dénicher des solutions.

J'aimerais te dire...

« Tu sais, papa, tout s'arrange dans la vie. Ne t'en fais plus pour moi. Continue de m'aimer, c'est tout ce dont j'ai besoin.

Oui, les gens sont fous, ils sont malades. C'est à cause d'un gros manque d'amour et de beaucoup de peur. Ils n'ont pas eu la chance d'avoir un père bon comme toi. Je ne te l'ai pas dit assez souvent : je t'aime papa !

Je vais bien (rire). Mieux que plusieurs d'entre vous depuis mon départ. Tout est beau, tout est clair et lumineux. Je suis près de vous quand il le faut. Je regarde les enfants grandir et je fais de mon mieux pour veiller sur eux.

J'ai eu une belle vie, papa. J'ai fait des choses que j'aimais. Ne sois pas triste pour moi. J'ai encore besoin de toi. Même si maintenant, c'est moi qui veille sur toi. Ne sois pas en colère non plus ; ça te rend malade et je ne peux rien y faire. Sois joyeux, ris et amuse-toi ; c'est comme ça que tu peux m'aider, moi.

Tu as raison de dire que rien ne sera plus comme avant. C'est juste différent. J'étais bien avec toi, malgré tout, malgré nos vies à tous les deux. Embrasse bien fort tous ceux que j'aime ! »

Quelques explications supplémentaires de Marylène
Cette belle âme chemine très bien dans sa lumière. Elle est aussi près de vous en pensée ; vous êtes une personne très importante pour elle. Elle vous demande de ne pas avoir de regrets pour elle, de ne pas la plaindre. Votre défunt vous demande de vous amuser ; lorsque vous êtes bien, il l'est lui aussi.

Ton ange aimerait te dire...

« Oui, tu es venue sur terre pour vivre des expériences et apprendre des leçons. Tu n'es pas obligée de souffrir pour apprendre ces dernières. Plusieurs de ces expériences, tu les vivras dans ton travail quotidien. Il est donc important, pour commencer, que tu choisisses bien ton travail.

Il est toujours en lien étroit avec l'accomplissement de ta mission de vie. Tu y passes beaucoup de temps pour apprendre et transmettre tes connaissances. Je veux que tu sois heureuse dans ce que tu accomplis chaque jour. On ne te demande pas de faire quelque chose que tu n'aimes pas ou qui te rend malade.

Chaque jour que tu passes sur les lieux de ton travail, tu n'es pas seule, je suis là. Et c'est moi qui parfois te pousse vers la porte, qui te fais réaliser que tu as fini de jouer ton rôle ici et que tu es attendue ailleurs. Si tu n'es pas heureuse dans ce que tu fais ou à l'endroit où tu es, ce message est là pour te dire de changer. »

Exercice : Prends quelques instants pour réfléchir à ta situation actuelle. Es-tu heureuse dans ton travail ? As-tu encore des choses à donner, de l'aide à transmettre aux gens avec qui tu passes plusieurs heures par semaine ? Si, après réflexion, ta réponse est oui, tous les deux, on doit continuer. Si ta réflexion te fait réaliser que non, il faut nous mettre à la recherche d'un travail plus satisfaisant pour ton âme.

Dans la semaine des quatre jeudis.

J'aimerais te dire...

« Oui, c'est bien moi. Déjà (rire) ! Je suis venue te donner des nouvelles, c'était pressant. Les bébés vont bien. J'ai bercé le dernier. Il est tout beau, il rayonne, il a reçu plein d'amour. Pour le moment, il n'avait pas besoin de plus. Il existe vraiment, il s'agit bien d'une âme qui est descendue sur terre. Un jour, tu les auras, tes explications.

Moi aussi, j'ai retrouvé un enfant. Et bien sûr, j'ai compris. Ma belle grande fille, tu as toute la vie devant toi, profites-en bien. Va dépenser (rire) ! Quand tu écoutes de la musique, oui, je suis là. C'est bien plus simple comme ça, tu ne trouves pas (rire) ? Tes antennes sont bien sorties, on les voit (rire). On voudrait bien, mais c'est aussi difficile pour nous, tu sais. On doit faire notre deuil, nous aussi.

Je veux que tu continues ce que tu fais avec les gens. Ça les aide beaucoup. Tu comprends beaucoup de choses déjà. Je l'ai toujours dit que tu étais spéciale (rire). Moi aussi, tu me manques. Tout le monde ici va bien et on t'encourage tous à nous parler. Tu es très respectueuse et on l'apprécie.

Allez ! Mets-moi une chanson, là ! Mets-moi de la musique, qu'on chante un peu. Qu'on mette de la joie dans ce monde-là (rire) ! »

Quelques explications supplémentaires de Marylène

Votre défunte vous dit que pour elle, tout va bien. Elle vous dit que vous êtes sensible au monde invisible et vous encourage à continuer d'y croire. Si vous désirez recevoir d'autres messages, utilisez la musique comme moyen de communication avec elle.

Ton ange aimerait te dire...

« As-tu de la difficulté avec le regard des gens ? Si oui, dis-toi que bien souvent, les gens reflètent ce que tu penses toi-même d'eux ou ce que tu penses de toi. Tu peux choisir de te laisser influencer par ces jugements ou tu peux les ignorer.

Ce n'est pas l'opinion des gens qui te fera réaliser ta mission de vie. Oui, parfois, ils sont là pour te faire avancer, pour te faire évoluer. Mais en aucun moment tu ne dois t'arrêter à ce qu'ils pensent de toi ou à ce qu'ils te demandent de faire si ce n'est pas en accord avec tes valeurs. Tous ces gens ont une mission, des expériences à vivre, eux aussi. Ils sont en interaction avec toi.

Plus tu crées de l'harmonie autour de toi, plus tu as un regard neutre sur les gens, plus tu avances sereinement et librement. Entretenir des jugements envers tes semblables est lourd à porter et demande beaucoup d'énergie. Ne t'alourdis pas, tu ne sais pas par où est passée cette personne pour agir comme elle le fait en ce moment. Regarde ta vie et concentre-toi sur elle. À tous les gens, offre ton plus beau sourire sans rien attendre en retour.

Exercice : Arrête-toi pendant quelques instants et observe les pensées que tu as envers les gens que tu côtoies. Sont-elles positives ? Sont-elles neutres ? Ou bien sont-elles dans le jugement ? Chaque fois que tu te surprendras à avoir une pensée de jugement envers une personne ou envers toi-même, change-la pour une pensée bienveillante. Trouve une qualité à cette personne et concentre-toi sur celle-ci.

Offre de l'amour, et tout se concrétisera.

J'aimerais te dire...

« Tu sais, je n'ai pas toujours été correct, mais j'ai beaucoup appris à tes côtés. Notre histoire était comme bien d'autres, mais c'était la nôtre, et je ne voudrais pas la changer.

Je ne t'en veux pas. En fait, je veux dire que je ne nous en veux pas. On était jeunes, il y a beaucoup de choses qu'on ne connaissait pas. Je suis si fier de toi aujourd'hui. Pour tout ce que tu as fait. Pour notre famille. Ils sont grands, tu sais, et c'est grâce à toi. Ils me ressemblent (rire). Tu n'es pas chanceuse (rire) !

J'ai changé, beaucoup changé. J'ai évolué. Pas au début, non (rire). J'avais la tête dure (rire). Maintenant, ça va. Je me suis pardonné. J'ai le cœur plus léger. Je fais de mon mieux. J'assiste à des séminaires pour les émotions. On nous fait comprendre ce qu'on aurait dû comprendre lorsqu'on était vivants.

Il y a plein de choses ici pour nous aider à nous élever. Rien à voir avec la terre. J'espère de tout cœur que toi, tu vas continuer de comprendre en étant sur la terre.

J'ai bien hâte de te revoir pour te parler directement ! »

Quelques explications supplémentaires de Marylène
Ce défunt avoue ses torts et s'assume maintenant. Il évolue, tout en comprenant ses défauts et ses mauvaises actions. Il vous explique ce qui l'aide à cheminer. Il vous souhaite de comprendre vos choix et vos actions pendant que vous êtes encore sur terre. Il est présent lorsque vous pensez à lui.

Ton ange aimerait te dire...

« Plus tu poses des actions concrètes dans ta vie, plus celle-ci sera à la hauteur de tes attentes. Si tu attends toujours après les autres, tu seras malheureuse et tu passeras à côté de belles expériences d'évolution.

As-tu remarqué que ceux qui pleurent sur leur sort se trouvent toujours dans les mêmes situations difficiles ? Sur le moment, ils attirent la sympathie des gens, mais après un temps, ces gens les fuient parce qu'ils n'ont plus rien à leur offrir. Alors que ceux qui réussissent sont toujours entourés de personnes pour les soutenir et les aider, sans relâche.

La différence ? Ces dernières personnes passent à l'action. Tu veux être plus heureuse dans ta vie ? Passe à l'action. En posant des gestes concrets, tu me donnes le signal que tu es prête pour le changement, que tu veux être en phase avec ta mission. Ce qui m'ouvre d'énormes possibilités à mettre sur ta route. Qu'est-ce que tu attends ? »

Exercice : Prends une pause et passe en mode réflexion : est-ce que tu fais partie des gens qui se plaignent de leur sort ou fais-tu partie des gens qui trouvent des solutions et qui passent à l'action ? Tu trouves toutes ces solutions parce que tu écoutes mes recommandations et que tu passes à l'action. Je suis fier de toi chaque fois que cela se produit.

J'aimerais te dire…

« C'est bien toi, ça, ma tante (rire) ! Toujours là à penser aux autres, malgré tout. J'y suis arrivé. Arrivé à tout comprendre. Comment c'est arrivé, pourquoi tout ça ? Tu as plus à t'inquiéter, je vais bien !

J'suis pas fier de dire ça, mais je suis plus heureux ici que sur la terre. Je me sens coupable, mais c'est ça pareil.

J'ai reçu beaucoup d'amour dans ma vie, je me suis beaucoup amusé, mais ce qu'on cache derrière notre vie, c'est pas toujours drôle. Ça peut être lourd la vie, des fois. Tu le sais, toi !

Tu veux que je te dise : eh oui, c'est moi qui te fais des coucous ! J'en fais de temps en temps à ceux qui pensent encore à moi (rire). Par-dessus tout, j'ai pris une pause. Je me suis laissé flotter ; j'ai vu beaucoup de gens et de choses. Je me suis reposé. Là, je commence juste à prendre conscience que je dois faire autre chose.

Je suis encadré. Par deux beaux guides. Et une grand-mère (rire)… Elle ne me lâche pas ! Elle est fatigante (rire), mais bien *fine* (gentille). Elle fait ça pour maman. Ouais, j'ai encore beaucoup de choses à comprendre, moi ! »

Quelques explications supplémentaires de Marylène

Cette âme est en belle évolution. Elle comprend ce qu'elle était venue faire sur terre. Elle vous donne des signes de toutes sortes de façons et elle prend le temps de vous dire qu'elle est bien accompagnée.

Ton ange aimerait te dire...

« Oui, les âmes choisissent leur famille. Elles décident de s'incarner auprès de gens qui seront là pour les aider à accomplir leur mission de vie. Toutes les personnes avec lesquelles elles évoluent les aident à forger leur personnalité, à mettre en place les capacités qu'elles ont apportées avec elles.

Cette âme, c'est toi aussi. Les gens qui t'entourent depuis ton enfance sont là pour te faire vivre des expériences, bonnes ou moins bonnes, je te le concède. Sauf que c'est toujours toi qui décides de ce que tu vivras comme relation avec ces gens. Vas-tu les laisser te contrôler, te faire du mal, ou choisiras-tu de t'affirmer, de prendre ce qui est bon dans la relation et de faire de ton mieux dans cette vie qui t'appartient ?

Rien n'est laissé au hasard. L'environnement forge la personne que tu es aujourd'hui, mais à chaque instant, tu es libre de changer. Rien ni personne ne peut avoir de l'influence sur toi si tu te protèges, si tu ne le veux pas. Je veille sur toi pour que tu puisses ne voir que le positif dans tes relations. »

Conseil de ton ange gardien : La vie, ce n'est pas tout blanc ou tout noir ; il y a des nuances. La sagesse est la capacité de poser un regard de compassion sur les gens que tu côtoies au quotidien, sans les juger et sans éprouver de mauvaises émotions à leur égard. Observe ce que ces gens t'ont apporté, ce qu'ils ont fait de toi. Remercie-les et continue ton chemin en restant auprès d'eux ou en te séparant d'eux. Tu as le choix, et ton choix sera le mien.

J'aimerais te dire...

« J'espère que mon message va se rendre... Allô, je voudrais tellement pouvoir encore te parler. Ça me manque. J'ai de la *misère* (difficulté) à me faire à tout ça. Mon guide me dit que je fais des progrès, mais à toi, je peux le dire : je trouve ça encore difficile.

C'est vrai qu'on n'a plus connaissance de votre temps physique. Mais on dirait que je suis prise ici depuis une éternité (soupir) !

Ne t'inquiète pas. Des fois, tout va bien, je suis heureuse. Je parle avec elles (trois femmes). On avance ensemble, mais elles vont plus vite que moi. Je m'ennuie !

J'ai compris qu'il y a des choses que je n'ai pas pu faire comme il faut sur la terre. Je n'ai pas assez pris ma place. Fait qu'il y a des situations que je n'ai pas assez vécues. Ça, maintenant, je le sais. Il va falloir que je revienne pour pouvoir vivre ça ! Alors, que ça te serve de leçon à toi aussi (rire) !

C'est certain que je ne t'oublie pas. Je pense à toi très souvent. C'était sérieux, nous deux. On se comprenait très bien. Amuse-toi et profite de tout ce que tu peux vivre. Si tu savais à quel point c'est important ! »

Quelques explications supplémentaires de Marylène

Votre défunte avance à son rythme, très tranquillement. Elle a besoin d'énergie pour poursuivre son cheminement. Je vous suggère de faire des prières pour elle et de lui allumer des chandelles. Elle réalise qu'elle est passée à côté de certaines leçons et vous suggère de ne pas faire comme elle.

Ton ange aimerait te dire...

« Les obstacles qui sont sur ta route sont là pour te faire grandir, pour te faire évoluer. C'est ton âme qui, par ces obstacles, va devenir meilleure. Il est donc tout à fait normal d'en rencontrer quelques-uns par-ci, par-là. La bonne nouvelle, c'est que j'ai été mandaté pour t'aider à les surmonter.

Aucun obstacle n'est insurmontable pour toi. Nous nous sommes bien entendus sur ce point avant ton incarnation. Rien n'arrivera dans ta vie que tu ne seras pas capable de traverser. Certains obstacles seront plus importants que d'autres, mais certains se produiront aussi dans des moments cruciaux de ta vie. Cela te paraîtra plus difficile, mais ce sera une illusion.

Retrousse tes manches et puise en toi le courage et la foi pour parvenir à passer au travers de ce moment difficile. Tu seras fière de toi lorsque la tempête sera terminée. Tu pourras t'applaudir et te féliciter parce que c'est ce que je ferai, moi, dans le monde invisible. »

Conseil de ton ange gardien : Ça n'existe pas, les gens malchanceux. Ce sont des gens qui ont choisi une plus grande mission de vie que les autres. Ils ont beaucoup plus de force et de courage que la moyenne et ils évoluent plus rapidement. Nous, les anges gardiens, sommes formés pour aider ces gens. Nous avons encore plus de compassion et de fierté pour ces âmes qu'elles en ont pour elles-mêmes.

J'aimerais te dire…

« Tu en sais, maintenant, des choses ! À ta façon, tu as trouvé le tour d'aider les gens, et j'en suis fière. J'ai retrouvé ton père ; lui et moi avions beaucoup de choses à nous dire.

Pour nous aider à poursuivre notre chemin, il y a le chant. Cela peut nous donner de l'énergie. Tu sais, ma fille, la vie terrestre demeure un grand mystère. Amuse-toi, prends ce que la vie a à te donner. Partage avec les autres. Ne sois pas triste de ce qui vous arrive.

Je suis fière de toi et je t'admire (rire). Tu as été et tu es une personne importante dans mon évolution. Je suis auprès de toi. Je te vois pendant ce que vous appelez les rêves. Merci de bien vouloir m'accompagner encore. Tu es touchante.

Je viens te dire aujourd'hui et tous les jours de prier, de prier l'être dans lequel tu crois. Oui, il existe, mais pas comme nous le percevons sur la terre. C'est encore plus grand que cela. Sans oublier cette femme (Vierge Marie) qu'on nous a montré à prier quand on était très jeunes, qui est ni plus ni moins qu'une femme comme nous tous, avec un cœur bienveillant. Si tu pouvais voir tout ça ici (rire) !

Oui, je serai là pour t'accompagner durant le grand voyage, si tel est ton désir. »

Quelques explications supplémentaires de Marylène
Votre défunte est bien dans sa lumière. Elle vous demande à votre tour d'être dans votre lumière terrestre. Elle vous demande de prier. Priez avec vos mots, avec votre cœur ; c'est ce qui est le plus important. Observez vos croyances par rapport à l'être supérieur.

Ton ange aimerait te dire...

« Ne donne jamais les clés de ton cœur à quelqu'un qui n'a pas de respect pour toi. En toutes circonstances. Le respect est la plus grande qualité que possède un être humain. Cela veut dire que l'âme respecte les choix de vie de l'autre, lui laisse faire ses propres expériences et surtout la laisse libre de réaliser sa mission de vie.

Si une personne a du respect pour toi, accorde-lui ta confiance. Elle te démontre que tu as une place dans sa vie et qu'à ses côtés, tu peux évoluer dans un bien-être tranquille, que tu peux compter sur son aide et sur son non-jugement. Tu n'en rencontreras pas beaucoup si toi-même tu n'as pas de respect à ton égard ou à l'égard des autres.

Chaque personne que tu rencontres sur ton chemin a sa raison d'être. À toi d'observer ce que ces gens peuvent t'apporter ou peuvent te faire vivre. Cependant, ils ont toujours un rôle à jouer dans ton scénario de vie. Fais confiance aux gens qui te témoignent du respect. C'est comme ça que tu sauras si tu peux avancer vers eux et avec eux. »

Exercice : Observe les gens que tu fréquentes. Te traitent-ils avec respect ? Est-ce qu'ils t'écoutent lorsque tu exposes tes idées ? Ou bien t'ignorent-ils et essaient-ils de t'imposer leurs points de vue ? Est-ce que ces gens te parlent avec bienveillance ou te dénigrent-ils ? Si c'est le cas, je ne t'encourage pas à rester près d'eux. Je t'invite plutôt à t'affirmer et à faire tes propres choix.

Tu perdras.

J'aimerais te dire...

« (rire) C'est tout drôle, maman, de pouvoir te parler de cette façon. Je peux bien te parler, maman (rire)! Tu m'attendais, hein? Pas juste pour le message, je veux dire. Dans ta vie? Tu m'attendais dans ta vie.

On a eu des choses à vivre. Elles ne s'expliquent pas avec des mots. Tu vas voir, tu as beaucoup de choses à comprendre de tout ça. On ne s'était pas choisies par hasard.

Je vais bien, je ne suis jamais toute seule. Il n'y a pas de monstres, de fantômes ou de vilains ici (rire). Ta sœur me fait bien rire. Même si je suis partie pour vous, je peux vous aider. Je vous envoie des tonnes de bisous d'énergie.

Merci, maman, de m'avoir permis de vivre ce que j'avais à vivre sur cette terre. Tu avais bien compris. Pendant que tu te battais avec ta tête, ton cœur, lui, avait compris. Merci de m'avoir laissée partir alors que c'était difficile: tu as fait ce qu'il fallait. Il y avait beaucoup d'amour. Je n'ai pas eu mal. Je vais bien maintenant.

Embrasse la famille de la terre pour moi, je n'oublie personne, je poursuis ma mission ici, dans cette autre dimension, en attendant de tous vous retrouver. Merci, maman, je t'aime. »

Quelques explications supplémentaires de Marylène

Cette petite âme qui n'a pas vécu longtemps sur terre est très heureuse de vous offrir ce message. Elle va très bien et elle est bien entourée. Elle est très consciente de vos souffrances et de vos difficultés; elle vous accompagne en énergie. C'est un message réconfortant qui vous aide à continuer de cheminer, malgré la peine.

Ton ange aimerait te dire…

« Tu veux atteindre tes objectifs ? Je peux te montrer ce qui se passera une fois que tu les auras atteints. C'est mon rôle de t'aider à faire des choix de vie qui t'amèneront vers la réalisation de ceux-ci. Alors, la manière la plus facile est dans tes rêves. Chaque nuit, lorsque ton corps physique s'endort, ton âme vient me rejoindre, et nous mettons au point des stratégies.

Ces stratégies ont comme mission de te faire prendre le chemin le plus court et le plus facile pour accomplir ta mission de vie. Et comme tu as pratiqué différents scénarios pendant la nuit, à ton réveil, tu devrais choisir celui qui te convient le mieux. Tu peux t'en apercevoir lorsque tu vis un phénomène de déjà-vu ; c'est alors que tu es en train de réaliser un de ces scénarios.

Bien sûr, tu as toujours ton libre arbitre. Tu peux rester là, à ne rien faire, à laisser la vie décider pour toi, ou bien tu peux me faire confiance, et à nous deux, nous accomplissons la plus merveilleuse des vies terrestres. À toi de choisir, maintenant. »

Exercice : Note tes rêves le matin à ton réveil. Ils regorgent de messages, de solutions et d'indices pour mener à bien ta mission de vie. Sois à l'écoute de ce que ton âme vit la nuit venue. Elle travaille très fort pour que ton ego soit heureux et en équilibre dans la vie terrestre.

J'aimerais te dire...

« Il était temps ! Je n'en pouvais plus d'attendre, moi non plus (rire) ! Ce n'est pas parce que je n'ai pas essayé avant, ça non ! Il n'y a rien qui marche, c'est trop dur. Je ne voulais surtout pas partir avant que tu saches que j'ai vraiment tout essayé pour rester, pour tenir le plus longtemps possible !

La mort, ce n'est pas si laid que ça. Ah, c'est vrai, il faut bien rendre des comptes. C'est ça qui est le plus difficile. En tout cas pour moi (rire) ! Je te dis que mon ego *a mangé une claque* (en a pris un coup) (rire) !

J'espère avoir été un bon père pour toi. Avoir pu combler tes besoins. En tout cas, pour moi, tu as été une bonne fille ; je ne pouvais pas demander mieux. Tu as toujours été à ton affaire. Oui, je suis fier, je te regarde grandir et ça me soulage de te voir aller, de te voir te débrouiller.

Ne t'inquiète pas, je suis là. Si je peux le faire, je vais t'aider, j'ai tout mon temps (rire) ! Entre autres, ce que je fais ? J'ai réglé un différend avec mon oncle. On s'est parlé et on a réglé tout ça. Comme quoi, dans la mort, il y a aussi de bonnes affaires !

Ça m'a fait du bien de te parler. Je t'aime et je t'embrasse ! »

Quelques explications supplémentaires de Marylène

Votre défunt avance tranquillement dans l'au-delà. Vous pourriez l'aider en faisant des prières, dans vos mots. Il trouve difficile d'essayer de vous faire des signes ; cependant, il essaie. Il est dans un processus de compréhension de qui il était et de ce qu'il était venu faire sur la terre. Encouragez-le à poursuivre son cheminement.

Ton ange aimerait te dire...

« Si tu n'essaies pas, tu ne le sauras pas ! Ne pense pas à ce que tu pourrais perdre, plutôt à ce que tu pourrais gagner. Les occasions qui se présentent à toi ne sont pas mauvaises, au contraire ! Elles sont là pour t'aider à grandir, t'aider à t'affirmer, à découvrir qui tu es vraiment.

Oui, je sais, il est parfois difficile de faire le grand saut. C'est pourquoi je suis là, derrière toi. Je veille sur toi. Cela veut dire que si tu écoutes ton cœur, il sait ce qui est bon et juste, et tu ne feras pas d'erreur. Cette nouvelle expérience qui t'attend sera positive pour toi et pour ton évolution terrestre.

N'attends pas trop longtemps, car tu pourrais perdre ta place. Tu pourrais voir s'échapper cette idée, ce projet. Vas-y à ton rythme, une chose à la fois. Commence par ce qui te fait le plus peur. Après, tu verras, tout sera plus facile. Il n'y a pas d'échecs sur terre, il n'a que des expériences ! »

Conseil de ton ange gardien : Dans la vie, il ne faut pas être trop méfiant, voir des pièges partout ou se servir du passé pour s'empêcher d'avancer. Celle que tu étais jadis a bien changé, cela veut dire qu'il n'y a pas de raison pour que ce qui t'est déjà arrivé survienne encore. Vois la vie autrement, de manière optimiste. Tu vas attirer à toi la même énergie que celle que tu dégages.

Avec beaucoup d'humour.

J'aimerais te dire...

« Ce n'est pas parce que tu n'as pas essayé (rire) ! Je le sais que tu t'inquiètes pour moi. Alors, je te réponds : je vais bien ! Oui, j'ai trouvé la lumière, malgré tout. Quand je suis partie, j'avais plein de colère, mais maintenant, je vais bien.

Ici, on n'a plus de corps physique, donc tout va bien (rire) ! On n'a plus de tête, non plus ! Mais ce que j'ai toujours, c'est un cœur ! Que j'aurais dû encore plus écouter ! J'en ai fait, des bêtises, dans ma vie, et j'ai payé pour ! Oui, oui, je suis capable de le reconnaître (rire) !

Merci à toi d'avoir été là. Merci de m'avoir encouragée comme tu l'as fait. Ça m'a toujours fait du bien de savoir que peu importe ce qui arrivait, tu étais toujours là pour moi. Oui, je vois clair, maintenant (rire) ! Je comprends des affaires que je ne comprenais pas sur terre.

J'essaie d'aller la voir (mère), mais ça ne marche pas. Je veux qu'elle comprenne, mais elle est emmurée dans ses émotions. Pauvre maman !

Je te parle souvent. Je sais que tu ne m'entends pas tout le temps, ce n'est pas grave. Ce qui est important, maintenant, c'est que tu saches que je suis là et que je vais bien. Salut ! »

Quelques explications supplémentaires de Marylène

Votre défunte retrouve tranquillement sa lumière. Elle s'observe beaucoup et réalise de nombreuses choses ; c'est ce qu'on appelle l'évolution. Elle vous aime beaucoup et elle vous remercie d'avoir posé des gestes pour elle. Elle tente d'aller à la rencontre de sa mère ; il semble cependant y avoir un obstacle. Continuez de lui envoyer de l'énergie.

Ton ange aimerait te dire...

« Oui, autour de toi, il y a des gens souffrants. Ces gens peuvent te faire de la peine, ils peuvent te pousser à bout et ils peuvent te mettre des bâtons dans les roues. Cependant, ils ont un rôle à jouer dans ta vie. Ils sont là pour t'aider à t'affirmer, pour que tu prennes confiance en toi.

Tu peux choisir d'être en relation avec qui tu veux, tu n'es pas obligée d'endurer les personnes qui ne te respectent pas. Sans te comparer à elles, apprécie la personne que tu deviens. Profites-en pour reconnaître et nommer tes qualités, tes talents; aie de la gratitude envers ton âme et ton ego pour les choix de vie que tu as faits et qui font de toi une meilleure personne.

Entoure-toi de gens que tu admires, de gens qui élèvent tes vibrations, qui font que tu es heureuse et souriante. Tu deviendras comme ces personnes, et tu pourras redonner aux gens souffrants de l'espoir, des conseils. Tu pourras leur tendre la main pour les aider à leur tour à s'élever dans les énergies positives. Ça n'existe pas, du mauvais monde. Ce sont des gens qui ont oublié de s'aimer, tout simplement, et toi, tu peux leur donner de l'amour.

Exercice : Fais le bilan de tes relations. Les gens que tu fréquentes sont-ils positifs et pleins d'entrain ou négatifs et pessimistes ? Ces personnes déteignent sur toi, elles t'influencent. En fait, vous vous influencez les uns les autres comme un tourbillon. Si tu n'aimes pas ce tourbillon, il est possible pour toi d'en changer.

En y mettant beaucoup d'imagination.

J'aimerais te dire…

« Allô ! Merci de m'avoir demandée. Je suis contente de te parler. Oui, je vais bien. Tu nous parles beaucoup et tu penses beaucoup à nous. C'est la moindre des choses qu'on puisse te répondre.

Oui, je l'ai retrouvé (bébé) ! Et je suis bien contente ! J'ai pu enfin comprendre bien des affaires. Tu avais raison sur toute la ligne avec lui. Merci. Merci à toi d'avoir pris la relève, d'avoir su être là pour moi, quand tout ça est arrivé. Tu avais ta peine, toi aussi. J'ai essayé de pas trop montrer la mienne…

Tu es extraordinaire, je te lève mon chapeau. Tu as une vie mouvementée, tu as vécu plusieurs épreuves et tu es là encore debout, prête à défendre ce que tu aimes le plus au monde. Bravo ! Je pense que tu as un peu de mon caractère (rire) !

Dans la vie, il faut faire les choses de la bonne manière. Quand tu arrives ici, tu mesures ce que ça donne. Je suis venue te voir dans tes rêves. Je ne veux surtout pas te déranger, ni perturber ton évolution.

C'était bon de pouvoir te parler. J'espère que cette fois, tu vas m'entendre. Je ne vous abandonne pas. Je vous aime. »

Quelques explications supplémentaires de Marylène

Dans ce message, votre défunte veut que vous sachiez qu'elle a retrouvé une personne importante de l'autre côté. Elle sait que vous avez connu votre lot de difficultés. Cependant, elle a confiance en vous et dans le fait que vous allez faire ce qu'il faut pour être heureuse. Elle vous fait de petits coucous dans vos rêves, alors prenez note de ceux-ci dès votre réveil.

Ton ange aimerait te dire...

« Et si tu voyais la vie comme une grande pièce de théâtre ? Et si tu y tenais le plus beau rôle et que tous les gens te regardaient ? Cette pièce de théâtre, c'est ta vie. Tu peux écrire le scénario de ton choix. Par exemple, au travail, je sais que parfois, tu n'es pas heureuse. Qu'est-ce qui t'empêche d'écrire une meilleure histoire ?

Tu as et tu auras toujours le choix. Oui, même si tu as des responsabilités. Tout le monde a des responsabilités, et plusieurs personnes aiment ce qu'elles font comme métier. Si tu es capable de nommer tes peurs plutôt que de trouver les raisons qui t'empêchent de changer, tu auras un bon pas de fait. Si tu nommes tes peurs, je pourrai mieux t'aider.

Tu comprendras davantage mes signes et tu te sentiras plus en sécurité pour faire tes choix. Il y aura toujours une meilleure place pour toi quelque part. Il te suffit d'y croire et d'accomplir les actions qu'il faut pour aller voir. Ne doute jamais de toi et de moi, de ce que nous pouvons accomplir ensemble. »

> *Exercice : Prends une feuille et un crayon. Écris l'histoire d'une personne heureuse dans son milieu de travail. Écris le scénario parfait pour un métier parfait. L'heure à laquelle tu commences, les tâches que tu dois effectuer, les interactions avec les collègues, les clients, le patron. Écris cette histoire au présent et ne te limite pas ; tout est possible sur ce papier. Ensuite, dépose ta feuille, occupe-toi à autre chose. Plus tard, reviens lire ce que tu as écrit.*

Tu pourrais être déçu.

J'aimerais te dire...

« Tu es *tannante* (vive et espiègle) (rire) ! Je le sais que tu veux me parler, je t'entends (rire). Je ne suis pas à l'aise de te répondre. De faire toutes sortes de simagrées. Ça ne veut pas dire que je ne suis pas avec toi, loin de là ! Ça veut juste dire qu'il faut que tu comprennes que c'est très demandant, ces choses-là, et que je mets mon énergie ailleurs.

Ce n'est pas parce que je ne t'aime pas et que je veux t'abandonner. C'est parce que j'ai besoin de travailler sur moi-même, encore (rire) ! Mes dernières années sur terre m'ont coûté cher (énergie) ! Il faut que j'apprenne de mes erreurs. Je ne suis pas tout seul, il y a mon ange. Une chance qu'il est là pour m'aider, parce qu'autrement, j'aurais tout envoyé promener (rire) !

Ça ne m'empêche pas d'être auprès de toi quand tu en as besoin ou quand moi-même, je m'ennuie. C'est juste que tu ne le sauras pas toujours. On peut s'entendre : la musique. Continue de me demander un signe avec la musique, c'est plus facile pour moi.

Il y a peut-être bien des choses que je changerais, maintenant que je sais, mais pas toi (rire) ! Oh non, je ne te changerais pas pour rien au monde, même avec ton petit caractère (rire) ! Je t'aime, ma fille, et ça, c'est le plus important ! »

Quelques explications supplémentaires de Marylène
Votre défunt vous indique qu'il a besoin de ses énergies pour évoluer dans sa lumière et qu'il ne peut pas toujours se manifester à vous. Cela ne veut pas dire qu'il ne vous entend pas lorsque vous lui parlez. Prenez la musique comme moyen de communication avec lui ; cela est plus facile pour lui et cela lui donne même de l'énergie.

Ton ange aimerait te dire...

« N'attends pas le bon moment. Le bon moment, c'est maintenant ! Tu as envie de dire quelque chose, dis-le. Tu as le goût de faire quelque chose, fais-le. Demain n'existe pas encore et tu ne sais pas de quoi il sera fait. Ce qui compte, c'est l'instant présent. Tu ne te souviens pas, mais la dernière fois que tu es retournée dans l'au-delà, tu étais remplie de regrets. Si tu ne veux pas que cela se reproduise, il te faut réaliser tes souhaits maintenant.

Mets ce mot dans ton vocabulaire : maintenant. *Tu dis plus souvent les mots* plus tard *que tous les autres mots. Tu ne t'en rends pas compte, je sais. Je t'entends, moi ! Si tu attends le bon moment, tu sais que tu seras perdante, que ton idée partira, que ta joie et tes énergies s'envoleront pour faire place à tes peurs et à tes doutes. Alors que pendant que tu es survoltée, comme en ce moment, tu as tout ce qu'il te faut pour foncer.*

Tu peux inviter d'autres personnes à se joindre à toi pour partager ce moment ; choisis bien ces personnes pour qu'elles entretiennent ces belles énergies. Tout peut attendre, mais pas ce que tu vis en ce moment. Je suis de tout cœur avec toi et je souhaite que tu puisses profiter de chaque minute de cet état pour qu'il dure le plus longtemps possible. »

Conseil de ton ange gardien : Laisse-toi guider. Laisse-moi te guider, fais confiance à ce qui se passe présentement ; tu es en route vers la réussite. Il ne te reste que quelques pas à faire, quelques gestes à poser, et tu pourras célébrer. Surveille les signes autour de toi, sois attentive aux plumes, aux heures, aux miroirs : c'est ma façon de te dire que je suis là et que tu peux y aller en toute confiance.

Demande la permission à ton âme.

J'aimerais te dire…

« Merci d'avoir accepté de me parler. C'est moi qui t'ai poussé à faire ça. J'ai beaucoup de regrets et beaucoup de choses à te dire.

De mon vivant, j'ai été bien égoïste. J'ai pensé à moi. J'ai pensé que j'avais raison. Que je connaissais toutes les affaires ! Ce n'était pas vrai ! Je n'ai pas été assez là pour toi. Pour comprendre. Pour te comprendre. Ce n'est pas parce que tu n'as pas essayé de me parler souvent (rire) ! Trop souvent, même. Tu avais raison, et ça me tapait sur les nerfs (rire) !

Je vais bien. Merci pour ce que tu as fait pour moi. C'était important qu'on se parle avant que je parte. Je ne suis pas sûr que c'était bien fait, mais je le voulais fort dans mon cœur.

Il n'y avait pas juste mon corps qui était intoxiqué, qui était malade. Il y avait ma tête aussi, et ça, c'était le plus important. C'est pour ça que je suis venu te dire de faire le ménage dans la tienne. Ne laisse pas ton mental prendre le dessus et gagner !

Continue ton travail auprès des gens. Ils en ont besoin et je vois combien ça te fait du bien. J'ai été jaloux de ça de mon vivant (rire), mais plus maintenant, j'en suis plutôt fier. Merci. »

Quelques explications supplémentaires de Marylène
Ce défunt a besoin de vous demander pardon. Il réalise à quel point il vous a fait de la peine. D'où il est maintenant, il est capable de voir ses défauts et ses mauvaises décisions. Il est content de s'ouvrir à vous, et il veut votre bonheur. Si vous avez encore un peu de difficulté avec lui, il est temps de lui pardonner.

Ton ange aimerait te dire...

« Quand tu es triste ou déprimée, lève les yeux et observe le ciel. Dans cette immensité, nous, les êtres de lumière, sommes là pour toi. Tu surmontes les obstacles, tu te bats sans cesse contre les gens, contre tes pensées, contre tes émotions. Pour moi, tu es une championne, et je suis fier de toi.

Je sais que par moments, tu as le goût de tout abandonner, de tout laisser tomber. Tu te demandes à quoi tout cela sert. Je te comprends et je compatis avec toi. Je t'écoute et je te console. Quand je te sens prête, je t'aide à te relever et à te remettre en selle. J'avance tranquillement avec toi, je sais que tu as besoin de calme et de douceur.

Tu as le droit de vivre des moments d'émotions, comme ce que tu ressens actuellement ; l'important est de savoir te relever. Il ne faut pas rester dans ce tourbillon de pensées et d'émotions négatives, cela n'apporte absolument rien de bon. Pleure et rouspète un bon coup, un vrai bon coup. Tu verras : toutes les énergies négatives quitteront ton corps, et il y aura de la place pour de nouvelles énergies plus saines et plus positives. »

Conseil de ton ange gardien : C'est tout simplement humain et nécessaire pour toi de vivre ces périodes. Car grâce à elles, tu expérimentes le plan terrestre et ses énergies. Ce n'est pas agréable, je te le concède, mais il te faut passer par ces émotions et ces expériences pour bien saisir tes leçons. Tu n'auras plus besoin de les vivre lorsque tu les auras comprises.

Pas si tu continues de faire la tête.

J'aimerais te dire...

« *Heille* (Hé), tu ne pouvais pas savoir, arrête de t'en faire avec ça ! On n'y peut rien, c'est arrivé, c'est comme ça. On ne peut rien y changer. Même si tu y pensais cent fois !

Je suis venu te dire que je suis content de t'avoir connu. J'en ai vécu, des histoires avec toi (rire) ! Je recommencerais n'importe quand ! Je veux te dire aussi que la vie, ça peut être beau, que vivre sur la terre, c'est le *fun* (agréable). On le réalise malheureusement quand il est trop tard. Réveille-toi, mon homme, avant qu'il soit trop tard !

Péter au frette ! J'étais en train de *péter au frette* ! Ça n'allait plus bien, mes affaires. Je suis content parce qu'à travers toi et ce message, il y a bien des gens qui vont m'entendre. Je ne voulais pas en arriver là !

J'ai vécu plein de bons moments dans la vie. Il n'y a pas juste toi que je laisse derrière. Je sais que vous m'aimez, et ça me fait du bien de le sentir (rire) ! Je ne pensais jamais passer par quelqu'un comme elle (médium) pour te parler (rire) !

Mais il faut ce qu'il faut ! Merci, mon *chum* (ami), d'être là pour me parler ; ça me donne de l'énergie pour continuer. J'embarque avec toi chaque fois que je peux (voiture) ! Salut ! »

Quelques explications supplémentaires de Marylène

C'est un défunt très coloré ! Il a beaucoup de regrets. Cependant, il prend à cœur son évolution maintenant, plus que lorsqu'il était sur terre, car il comprend mieux les choses. Il vous demande de cesser de vous en faire pour ce qui est arrivé, de profiter de votre passage sur terre. Je vous suggère de lui envoyer beaucoup d'énergie.

Ton ange aimerait te dire...

« Chaque jour, remercie ton âme d'avoir choisi de s'incarner sur cette terre. Tu as été choisie pour venir accomplir une mission, et c'est un privilège, crois-moi. Tu ne t'en souviens plus, mais je suis là pour te le rappeler. Apprécie les choses, les situations et les gens qui t'entourent. Ils ont été créés par toi, par tes pensées, par tes désirs et par tes énergies.

Tu te trouves actuellement dans la vie que tu as souhaitée. Oui, tu as bien compris : la vie que tu as souhaitée. Tu as souhaité ce travail, tu as souhaité ce corps physique, tu as souhaité ce compte de banque, tu as souhaité la vie que tu as en ce moment même. Tu me trouves dur, tu voudrais ne pas me croire ? Soit. Tu peux, mais quand viendra le temps de faire ton bilan de vie terrestre, tu me diras : tu avais raison !

Ces souhaits sont parfois inconscients. Tu ne te rends pas compte de ce que tu te dis intérieurement, mais si tu venais y faire un petit tour, tu comprendrais. Porte attention à tes paroles, car la vie t'écoute et elle fait en sorte que ce que tu demandes se produit. Tu veux vivre certaines expériences ? La vie te les offre. Je ne fais que t'accompagner dans tout ça. Je te guide et te guiderai toujours. Sache cependant que c'est toujours toi qui as le dernier mot ! »

Exercice : Dresse un bilan de ta vie dès maintenant ; n'attends pas d'avoir quitté la terre. Une fois ton bilan fait, regarde ce que tu peux améliorer pendant que tu es encore sur terre. Pense à ce que tu peux modifier pour être plus heureuse et plus en harmonie avec toi, ton âme et tes aspirations. Ne réalises-tu pas que la vie que tu mènes provient de tes choix passés, oui, et bien souvent inconscients ? Alors, deviens consciente de tes prochains choix de vie.

Avec parcimonie.

J'aimerais te dire...

« Allô, tu es là ? Ça fait tellement longtemps que je veux te parler. J'ai trouvé ça long avant de partir, j'avais l'impression que ça ne finissait plus. J'ai trouvé ça souffrant; pas physiquement, je veux dire, mais psychologiquement. J'étais conscient de tout dans ma tête. Mon corps ne voulait pas partir.

Heureusement, tout ça est fini, et je suis heureux de pouvoir à nouveau être à tes côtés. Tu ne sais pas ce que je donnerais pour revenir ! Je me suis rendu compte que je n'avais pas terminé un paquet de choses (rire) ! Je vois que tu t'occupes bien, que tu reprends le cours de ta vie, c'est bien. Je te vois aussi me chercher de temps en temps. Je sais, je suis inoubliable (rire) !

Oui, je les vois, les petits-enfants, ils sont beaux. Je veille sur vous tous. Je fais de mon mieux. Tu peux dire à mon frère que je lui pardonne, ça ne sert à rien de traîner ça avec lui.

Et toi ? Toi, je t'aime ! L'amour que j'ai eu pour toi ne s'effrite pas. J'ai le regret de ne pas avoir été assez présent pour toi. Excuse-moi. On va se reparler de tout ça et de bien d'autres choses quand tu auras fini ta quête sur la terre ! »

Quelques explications supplémentaires de Marylène

Votre défunt vous explique qu'au moment de sa mort, il trouvait cela très difficile. Il est maintenant délivré et il évolue dans sa lumière. Il observe sa vie terrestre et fait son bilan de vie. Il voit ce qui vous entoure, les personnes que vous côtoyez. Il vous aime encore beaucoup et il veut que vous sachiez qu'il sera là lorsque vous partirez du plan terrestre.

Ton ange aimerait te dire...

« Un enfant sommeille en toi, il ne demande qu'à s'épanouir. Aujourd'hui, par ce message, je te demande de t'amuser. Tout est prétexte à jouer, tu comprends ? Même au travail, même à la maison, même avec tes amis. Tu as besoin de retrouver ton cœur d'enfant.

Qui t'a dit que la vie devait être sérieuse tout le temps ? Ne vois-tu pas les occasions que je mets sur ta route pour que tu puisses avoir du plaisir ? Tu élèves ton âme dans la joie, tu apprends aussi des leçons lorsque tu es heureuse, et non seulement dans les épreuves. Tu ne seras pas plus applaudie en arrivant dans l'au-delà parce que tu as été plus sérieuse que les autres.

Sois insouciante pendant quelques instants : fais une blague, joue un tour, assieds-toi par terre pour t'amuser avec des peluches, ne t'impose pas de limites d'adulte. Qu'est-ce que l'enfant en toi voudrait faire du reste de sa journée aujourd'hui ? C'est exactement là où je veux t'amener. Prête à jouer ? »

> *Exercice : Ferme les yeux et imagine que tu redeviens un enfant. Retourne à l'âge où tu étais heureuse et insouciante, loin des problèmes et des responsabilités. Imagine les jeux que tu faisais et où tu te sentais bien, invincible, avec toute la vie devant toi. Vis ces souvenirs avec émotion, avec plaisir. Maintenant, ouvre tes yeux et pars à la recherche de ces jeux ; prends quelques instants pour les reproduire.*

Ton ego prend toute la place.

J'aimerais te dire…

« Allô, ma petite-fille (rire) ! Ça fait longtemps que tu n'es plus petite, je sais. Je sais aussi que cela va te faire du bien que je te parle.

Tu prends trop à cœur ce que les autres font et ce qu'ils disent. Apprends à t'éloigner de tout ça. Tu es forte et surtout courageuse. Je sais tout ce que tu as vécu. J'ai gardé ton secret avec moi, mais tu sais que tu vas devoir y faire face. Ne reste pas toute seule. Ce n'est pas bon pour toi ! Amuse-toi, ris, chante. Ça devrait être ça, la vie, pour toi.

Tu as terminé ce que tu avais commencé à apprendre, c'est bien. Il faut maintenant te rendre utile, il faut passer à l'action (rire) ! Nous entendons tes prières. Je suis avec les anges que tu connais.

Je veux ce qu'il y a de mieux pour toi et pour tous les autres petits-enfants. Je viens vous voir surtout dans vos songes. Fais des prières pour tes frères et sœurs qui sont dérangés ; il faut prier pour ces âmes qui se sentent perdues.

Merci de penser encore à moi, petite fleur. Je te garde dans mon cœur et je t'envoie l'ange du pardon pour t'aider à grandir encore. »

Quelques explications supplémentaires de Marylène

Votre défunte vous trouve courageuse et elle veut que vous sachiez qu'elle connaît désormais les épreuves par lesquelles vous êtes passée. Elle a de la compassion pour vous et vous encourage à rester forte, malgré tout. Elle vous demande de prier pour les âmes qui ont des problèmes mentaux, autant les défunts que les vivants.

Ton ange aimerait te dire...

« Bien sûr que je te guide ! Je te guide dans l'accomplissement de ta mission de vie terrestre. Mon rôle est de t'aider à te souvenir de cette mission, de t'aider à faire les bons choix pour que tu puisses réaliser ce que tu as choisi de faire en t'incarnant sur terre.

Mon rôle n'est pas de mettre constamment des obstacles sur ta route. Tu peux très bien comprendre en vivant des moments heureux, des instants de plaisir et de bonheur. Je veux ton bonheur. Que tu comprennes que la vie, c'est beau aussi ! Qu'il faut profiter de chacun des moments au cours desquels tu sens cette belle énergie élever tes vibrations !

La vie, c'est beau, c'est un privilège, et cela, peu importe tes conditions actuelles. Rien n'est fixé, tout est en mouvement. Ce qui te déplaît aujourd'hui ne sera plus là demain, si tu acceptes de faire des gestes pour changer certaines situations ; je ne peux le faire à ta place. Mais je peux t'aider et t'entourer d'énergie pour que tu le fasses. »

Conseil de ton ange gardien : Ne compare pas ta vie à celle des autres. Chacun fait des choix différents. La personne qui a perdu le poids qu'elle voulait perdre est passée à l'action. Elle n'est pas chanceuse ou bénie ; elle a fait ce qu'il fallait et elle agit chaque jour de manière à conserver son poids. Elle n'est pas différente de toi, tu peux le faire, toi aussi, si tu y mets les mêmes efforts. Partout, dans ta vie et dans tous les domaines. Tu es capable !

C'est bien de vouloir autre chose.

J'aimerais te dire...

« Tu voulais que je te parle de là-haut ? De comment c'est ? C'est beau ! On est bien et on est nombreux (rire) ! Je me sens bien. Je viens de terminer une étape importante : la séparation de mes liens avec la terre. Ouf ! C'était pas facile, mais j'y suis arrivée, enfin presque (rire) !

Il me reste beaucoup de travail à faire. Pardonner, je dois pardonner. C'est là que je suis rendue. Quand tu es arrivée dans notre vie, je ne savais pas que j'allais m'attacher à toi si vite (rire). Tu es une personne très importante dans la famille, j'espère que tu le sais. Laisse faire les commentaires (rire), et occupe-toi de ceux qui ont besoin de toi. Tu ne feras jamais tout parfaitement, justement (rire). Donc, arrête de t'en faire (rire) !

Je pense aux membres de ma famille. Je veux les remercier pour ce qu'ils ont fait pour moi. Merci à toi d'être passée dans ma vie. Tu ne me déranges pas quand tu cherches à me parler. Merci pour la chandelle et les prières, ça me touche.

Oui, il m'arrive de te faire des signes, parfois, c'est bien moi, tu me reconnais. Au revoir et à bientôt pour une autre communication. »

Quelques explications supplémentaires de Marylène

L'âme de cette personne est en pleine évolution. Elle avance très bien dans sa lumière, car elle comprend qu'elle doit passer par l'étape du pardon. Vous êtes très importante pour elle, et lorsque vous lui parlez, elle vous entend. Elle aime bien se manifester à vous de temps à autre. Continuez de faire des prières pour elle, cela l'aide beaucoup.

Ton ange aimerait te dire...

« Tu peux bien porter les plus beaux vêtements, les plus beaux accessoires, cela ne changera pas la personne que tu es au fond de toi. Les apparences sont souvent trompeuses. Il faut regarder bien au-delà.

C'est bien de se trouver belle lorsqu'on se regarde dans un miroir, c'est même important pour se sentir bien et confiante. Cependant, n'oublie jamais de nourrir et d'embellir ce qui se cache à l'intérieur de toi. Ton âme est venue expérimenter la vie sur terre, ton ego a besoin de paraître aussi par des paroles et surtout par des gestes.

Tu es belle lorsque tu aides une personne dans le besoin. On te remarque aussi lorsque tu portes une belle robe. Je sais que tu as besoin d'attention, c'est humain ; cependant, tu peux aller chercher cette attention de plusieurs manières. Concentre tes efforts à te mettre belle intérieurement. »

Exercice : Fais une bonne action. Choisis d'aider une personne, une communauté ou un groupe. Mets de côté ton orgueil, retrousse tes manches et va vers les gens en difficulté. Propose ton aide, ton soutien. Cela peut se faire dans un environnement nouveau, tout comme tu peux choisir d'aider un membre de ta famille, un proche, un collègue, un ami. Tu prendras vite goût à l'attention que tu suscites en faisant le bien autour de toi.

J'aimerais te dire...

« On a cherché à te joindre souvent. Merci de nous aider à établir la communication. Nous sommes désolés de t'avoir laissée toute seule. Pas toute seule, toute seule, mais de partir comme ça, alors que tu étais si jeune.

Nous sommes fiers de toi. Tu grandis encore (rire) ! Je vois ton âme grandir. Oui, je suis fière de tout ce que tu as accompli jusqu'à maintenant. Je prie fort pour que tu puisses continuer. Tu as pris une décision très importante, et tu as fait ce qui était le mieux pour toi. N'aie pas de regrets.

Tu cherches, tu te cherches, c'est normal. Je ne suis plus là pour t'aider à te rappeler ton enfance. Pardonne-moi. Là où je suis, je continue d'être avec toi. Je t'envoie beaucoup d'amour. Tu sais, j'existe encore en tant que ta mère. Tu ne pouvais pas comprendre quand tout ça est arrivé, et j'en suis désolée.

Aujourd'hui, ce que tu dois comprendre, c'est que nous sommes encore auprès de toi et que nous t'encourageons dans ta mission de vie.

J'espère que de t'avoir parlé aujourd'hui va adoucir tes craintes et tes doutes à notre endroit. On t'aime de tout notre cœur ! »

Quelques explications supplémentaires de Marylène
Ce message provient de plusieurs défunts. Ils sont à vos côtés et ils sont de tout cœur avec vous dans l'accomplissement de votre plan de vie. Ils sont conscients de la peine et du vide que leurs départs ont créés en vous, et ils veulent vous dire que vous pouvez encore compter sur eux. Vous pouvez vous confier à eux et leur demander conseil.

Ton ange aimerait te dire…

« Traite avec respect les personnes que tu croises sur ta route, car chacune d'elles a une mission envers toi. Chacune est là pour une raison bien particulière. Respecte tes rencontres, même si certaines personnes te laissent un goût amer. Ces gens ne comprennent pas la chance qu'ils ont de croiser ton chemin. Toi, tu le sais, alors élève-toi au-dessus des jugements.

Cette personne que tu viens de croiser, à qui tu as parlé, avec qui tu as interagi est là pour te faire cheminer. Et tu ne sais pas quel destin t'attend avec cette personne : sera-t-elle seulement de passage dans ta vie ? Ou occupera-t-elle une grande place ? S'agit-il de ton prochain grand amour ou de l'enseignant de tes enfants, de tes petits-enfants ? Tu ne le sais pas.

Vois dans chaque personne que tu croises la possibilité d'élever ton âme, de recevoir la solution à un problème, de trouver l'aide dont tu as besoin pour combler un vide dans ta vie. Et dis-toi bien que l'inverse est aussi vrai : tu es sur leur route pour leur apporter quelque chose ; une réponse, une solution, une aide… »

Exercice : Pendant les prochains jours, prends le temps d'observer attentivement les gens que tu croises. Chaque fois que quelqu'un te parle ou fait un geste envers toi, demande-toi ce qu'il t'apporte, ce qu'il t'aide à comprendre. Demande-toi aussi ce que tu peux lui offrir : un sourire, une écoute attentive, du temps… Essaie d'équilibrer la relation pour qu'elle soit donnant-donnant.

C'est garanti.

J'aimerais te dire...

«Allô, ma fille! Je suis bien heureux de pouvoir te parler! Ce n'est pas drôle, tout ce qui arrive! C'est beaucoup! Il faut qu'on se débrouille avec ce qu'on a. Par chance, je te trouve bien débrouillarde. Tu as une tête sur les épaules, toi (rire)!

Ce que j'ai le goût de te dire, c'est: profite de la vie sur terre, bois, mange, fais la folle (rire) sagement (rire)! Sans blague, amuse-toi parce que le vrai travail, c'est ici qu'il commence (sérieux)! Oui, c'est ici qu'on voit clair...

J'ai revu ma mère, en fait, l'âme qui s'est incarnée dans ma mère. J'ai eu une longue discussion avec elle. Je veux que tu saches que les choses ne sont jamais terminées; elles évoluent, mais on a toujours quelque chose à apprendre.

J'ai revu Jésus, je suis allé lui poser des questions. Il m'a répondu (rire). J'ai eu mes réponses, et ce n'est pas si bête que ça (rire)!

Tu sais que je serai toujours là pour toi; tu n'as pas besoin de me poser la question. Il y a toi et les autres. Je serai toujours prêt à vous répondre, mais ne me cherchez pas trop, il y a vraiment beaucoup de travail par ici (rire)!»

Quelques explications supplémentaires de Marylène

Cette âme a une personnalité très extravertie. Votre défunt veut vous dire de profiter de la vie pendant que vous êtes incarnée sur terre. Accomplissez des actions terrestres comme boire, manger, etc. Votre défunt est en pleine prise de conscience. Il est curieux et va chercher les réponses dont il a besoin pour continuer.

Ton ange aimerait te dire...

«Parfois, la seule façon de réaliser tes rêves, d'obtenir vraiment ce que tu veux, c'est de continuer, même si ton corps et ton esprit ne veulent pas suivre. Ton esprit abrite ton ego, qui veut ton bien, lui aussi, mais dans une zone de confort paresseuse. Pourquoi te mettre à risque? C'est ce que te dit ton ego. Alors, tu l'écoutes et tu arrêtes.

Pourtant, la réussite est juste au bout de ce dernier effort, de ce dernier bout de patience. Elle t'attend pour célébrer ta victoire. Ce que je te demande aujourd'hui n'est pas facile: je te demande de repousser tes limites, d'être encore plus patiente, de cesser de vouloir tout contrôler et de te laisser aller, de laisser la vie t'aider.

Je place sur ta route des occasions que tu ne vois pas parce que tu restes accrochée à ce mental. Tu écoutes ses peurs et tu crées ainsi des limites qui n'ont pas lieu d'être. C'est une bonne chose d'écouter ton mental lorsqu'un danger est effectivement présent, lorsque tu t'approches d'un précipice, que tu t'apprêtes à prendre une décision vraiment drastique ou que tu penses à faire une mauvaise action.»

Conseil de ton ange gardien: Observe tes pensées: est-ce qu'elles sont encourageantes ou limitantes? Est-ce qu'il y a vraiment un danger devant toi, une menace réelle, ou bien c'est ton esprit qui ne veut pas que tu sortes de sa zone de confort? Tu sais, c'est souvent ce qui empêche l'être humain de se réaliser pleinement.

Prépare-toi au changement.

J'aimerais te dire...

« Maman, il faut que tu arrêtes de me parler (rire) ! Je sais que tu t'inquiètes, c'est normal. Ça fait longtemps. Tu le savais au fond de toi, tout ce qui allait arriver. Il ne faut pas avoir peur. Tu es comme ça, sensible.

Je suis en pensée avec vous. Je ne suis pas triste, je suis bien. Je suis dans la lumière, maman. Et je t'en ai apporté un morceau. Pour t'aider, toi, à vivre tout ça. Je sais que tu penses beaucoup à moi, qu'il y a des choses que tu ne comprends pas.

Il faut continuer ton chemin sans moi. D'autres sont là, ils ont besoin de toi. J'étais heureux avec toi. Ce n'est pas tout le monde qui était *fin* (gentil), mais aujourd'hui, c'est oublié. Tu rêves de moi. Tu rêves que je reviens, que toute la famille est comme avant, réunie. Elle l'est, maman, mais d'une autre façon, maintenant.

J'ai encore beaucoup de choses à apprendre, je n'ai pas fini. Je le fais d'où je suis et où tu peux encore m'aider. Je me suis fait des amis ici, et ensemble, on a décidé de s'occuper de nos parents (rire) ! Vous avez besoin d'être réveillés sur ces choses-là, et on va vous aider. Compte sur moi, maman ! »

Quelques explications supplémentaires de Marylène
Ce défunt se veut confiant et encourageant. C'est une belle âme. Il vient vous rassurer et vous dire que vous devez prendre soin de vous et de ceux qui sont dans votre vie. Il sait que vous ne l'oubliez pas et que vous pensez à lui. Il vous offre de l'énergie et, en retour, je vous suggère de prier encore pour lui.

Ton ange aimerait te dire...

« Tu dois retrouver la paix. Pour ton bien-être personnel et aussi pour celui de la planète, car la planète est affectée par les états d'âme des humains. Plus ils sont en paix avec eux-mêmes, plus la terre vibre à un bon taux vibratoire. C'est ainsi que la terre vous aide à vous nourrir.

Si, au contraire, les humains vibrent à un mauvais taux vibratoire, la terre a de la difficulté à les nourrir; le vent se lève et entraîne avec lui la tempête. C'est comme ce qui se passe à l'intérieur de toi. Ton cerveau peut t'aider à retrouver la paix; tu dois le nourrir d'images, de sons et de pensées positives. Souviens-toi: tu ne peux changer les autres, tu n'as de contrôle que sur tes pensées et tes actions.

Je peux t'aider à retrouver ta paix intérieure si tu m'en donnes la chance. Je suis à tes côtés et je peux t'aider à porter ton fardeau. Tu n'as qu'à me le confier et à me dire clairement ce que tu aimerais que je t'aide à faire, à devenir. Tu peux compter sur moi. »

Conseil de ton ange gardien: Pour retrouver ta paix intérieure, pratique des exercices de méditation, de respiration. Fais une marche dehors, reconnecte-toi avec la nature. Fais des choses que tu aimes et qui te calment. Tu as besoin de reposer ton mental, ton esprit, pour apaiser tes craintes et ton anxiété. C'est cela qui élève ton taux vibratoire et celui de la terre.

Dès que tu le voudras assez fort.

J'aimerais te dire...

« Allô, ma tante ! Il y a encore beaucoup de peine à la maison et d'incompréhension aussi. Je comprends. Tu sais que moi aussi, j'ai de la peine. Mais je ne peux pas être là tout le temps avec vous tous.

Rassure-toi, tout va bien. J'ai trouvé le chemin. Ça n'a pas été long, malgré tout. Tu t'en poses beaucoup, des questions ; de quoi as-tu peur ? Je peux t'aider, si tu veux.

Je suis bien, je suis entourée de ce que j'aime. Il y a beaucoup de temps pour réfléchir, pour faire des recherches. Il y a aussi les oiseaux, ils sont fascinants.

Je le sais que tu n'es pas toute seule à vouloir me parler. Dis-leur à tous que je pense à tout le monde et que je viens tous vous visiter, chacun votre tour ! J'ai de la difficulté là où il y a le chat (rire). Il ne m'aime pas beaucoup (rire) !

D'où je suis, je peux voir que tu fais de ton mieux avec les membres de ta famille. Ils ne te disent pas toujours merci, ils ne s'en rendent pas compte, alors je vais te dire merci pour eux. Toi et moi, on ira faire une longue promenade dans les jardins du paradis et on se racontera nos vies d'âmes (rire) ! Merci d'être qui tu es ! »

Quelques explications supplémentaires de Marylène

Cette défunte veut vous rassurer sur son cheminement dans l'au-delà. Elle fait maintenant ce qu'elle aime. Elle parle d'oiseaux, c'est peut-être un signe ; donc, surveillez les situations cocasses autour de vous les concernant. Elle peut vous aider avec les doutes et les peurs que vous avez par rapport à la vie après la mort ; vous n'avez qu'à lui en parler.

Ton ange aimerait te dire...

« Ton âme veut te parler. Elle veut te guider et te témoigner la fierté qu'elle ressent pour tout le chemin que tu as parcouru jusqu'à maintenant. Elle sait que ce n'est pas toujours facile pour ton ego, la partie de ton âme qui est venue expérimenter sur la terre. Je sers d'intermédiaire entre ton âme et ton ego.

Je suis celui qui t'aide à atteindre un équilibre entre les deux. Tu crois en moi ? Alors, tu peux croire en cette âme. C'est le feu sacré de la vie. Ton âme rayonne à travers tes corps d'énergies. Elle est présente en toi par ton subconscient, elle laisse s'exprimer ton ego, et quand elle veut te parler vraiment, elle passe par ton intuition, par cette petite voix intérieure qui t'appartient, car c'est elle, c'est ton âme.

Je t'invite à découvrir cette partie de toi, partie que tu retrouves toutes les nuits pendant ta période de rêves. Elle s'exprime à travers les images que tu vois la nuit, elle t'aide à rétablir l'alignement sur ta mission de vie. Elle ne demande qu'à t'aider à être heureuse. À toi de l'écouter et de la suivre. »

Exercice : Pour entrer en contact avec ton âme, tu peux pratiquer deux techniques par toi-même. 1. Par la méditation, par laquelle tu pourras, après une détente profonde, demander à ton âme de s'exprimer à travers ton canal intuitif. 2. Par les rêves, par lesquels tu pourras demander à ton âme de te parler grâce à des images et à des scénarios, afin qu'elle te donne des solutions à tes problèmes.

Vis le moment présent et cesse de t'en faire.

J'aimerais te dire…

« Tu es bien gentil, comme toujours, de vouloir prendre de mes nouvelles, de prendre soin de moi. Je suis encore en convalescence. J'ai, hélas, encore bien des choses à comprendre ! Je n'ai pas beaucoup d'énergie. J'ai bien peur que tout ce que j'ai pris à la fin de ma vie ait ralenti ma conscience.

J'ai eu le temps de réfléchir à quelle sorte de mère j'ai été pour toi. Il y a des bouts où je me félicite ; par exemple, pour l'homme que tu es devenu. À d'autres moments, j'ai honte. Honte de t'avoir fait subir le poids de ma colère et de mon amertume par rapport à une relation difficile que j'avais.

Je sais qu'à cause de cela, je t'ai empêché d'être toi-même. Tu m'as rendue heureuse et aujourd'hui, je t'accepte en entier, tel que tu es. Et je comprends. Oui, je comprends. Je n'en veux plus à la vie. Je la laisse couler.

Je te regarde aller avec les enfants et je te trouve formidable, merveilleux. Tu as une grande douceur en toi. Merci pour tout ce que tu as su me donner. Dans cette vie-ci, peu importe ce que tu choisiras d'être ou de faire, je serai toujours ta mère.

Merci, encore merci, mon garçon ! »

Quelques explications supplémentaires de Marylène

Remerciez cette défunte de vous offrir ce message. Elle fait beaucoup de progrès dans son cheminement spirituel. Elle est en train d'étudier sa vie, et certains passages lui donnent de l'énergie, alors que d'autres abaissent son énergie. Continuez de prier pour elle. Elle vous aime beaucoup et elle est vraiment fière de la personne que vous êtes aujourd'hui.

Ton ange aimerait te dire...

« N'attends pas sans rien faire pour régler la situation actuelle, cela ne se fera pas tout seul. Au contraire, plus tu attends, plus la situation s'envenime. Si tu as des choses à dire et que tu ne sais comment les dire, prends une feuille de papier et écris ; je vais t'aider à faire sortir ce qu'il y a au fond de toi. Tu es une bonne personne, mais lorsque tu as un trop-plein d'émotions, tu ne vois plus clair, et ce que tu dis et penses ressemble à un chaos.

Plus tu attends, plus tu abaisses tes vibrations, plus cela devient difficile de remonter la pente. Cela fait grossir le problème et tu te décourages. Alors, dépêche-toi de trouver une solution pour te soulager de ce problème. Je peux t'y aider, si tu me le demandes. À travers tes idées, tu entendras la mienne, écoute-la.

Tu verras que tu te sentiras bien et heureuse après être passée à l'action. Tu te sentiras plus légère et sereine, tu verras plus clair dans ton cœur et dans tes idées. Tu seras fière de toi, fière de tes choix. Commence dès maintenant à régler toutes ces choses qui traînent dans ta vie, une à la fois. Je vais t'aider à y parvenir, je suis là pour toi. »

> *Exercice : Sur une feuille de papier, note toutes les situations non réglées de ta vie. Ensuite, ajoute des chiffres vis-à-vis chacune d'elles, en allant de la plus importante à celle qui peut attendre encore un peu. Ensuite, occupe-toi de la première situation et concentre-toi pour trouver une façon de la régler. Écris ton idée. Parfois, le simple fait d'écrire ce que tu ferais pour améliorer ta vie peut régler beaucoup de problèmes.*

Un nouvel endroit t'attend pour t'y accueillir.

J'aimerais te dire…

« Comment arrêter de t'aimer ? Je ne pourrais pas (rire) ! Savais-tu que c'est grâce à toi si j'ai autant cheminé dans ma vie ? Oui, c'est sûr, on en comprend des choses en arrivant ici, mais on continue toujours. Et c'est ce que j'ai réalisé. Te rencontrer, ça a changé toute ma vie. Pas au début, tu avais de la *job* (du travail) (rire) ! Je réalise que tu m'as beaucoup aidé. Alors, je voulais te dire merci, et c'est pour ça que je ne peux pas arrêter de t'aimer (rire) ! C'est encore plus fort aujourd'hui.

Oui, je vais t'aider avec les enfants. Ils ont chacun leur petit caractère (rire). Tu fais de ton mieux, et je suis derrière toi. Tu sais trouver les bons mots pour les faire bouger. Ça paraît p't'être pas, mais ils t'écoutent quand tu n'es pas là (rire) !

Je continue de travailler sur moi, je comprends la personne que j'avais choisi d'être. Je passe en revue mes relations. Y avait du bon monde avec moi (rire) ! Y en a un que j'ai fait travailler fort aussi (rire) ! J'espère qu'il va finir par s'en remettre (rire) !

Je vais encore venir te voir dans tes rêves et essayer de te donner des *becs* (bisous) (rire) ! Je veux juste te dire encore une fois merci. »

Quelques explications supplémentaires de Marylène

L'amour ne s'arrête pas avec la mort, c'est ce que ce défunt veut vous dire. Il a réalisé depuis son décès que vous l'avez vraiment aidé pendant votre relation. Il vous soutient dans votre quotidien. Bien sûr, il doit continuer d'évoluer de son côté ; cependant, il se tient au courant de ce qui se passe dans votre famille.

Ton ange aimerait te dire...

« Mets de la joie dans tout ce que tu fais. Considère que tes actions sont comme les graines que tu sèmes dans la terre. Plus tu sèmes avec joie et bonheur, plus la récolte sera agréable et abondante. Au contraire, plus tu sèmes avec de la colère, de la haine et des émotions négatives, plus ta récolte sera difficile et te laissera un goût amer.

Mettre de la joie dans tes actions t'apportera du bonheur; cela te fera te sentir importante et utile. Tu as besoin de moments joyeux, de moments heureux, et la seule personne qui peut te donner ces moments, c'est toi. Je peux te guider sur la bonne route afin que tu vives de tels moments, mais je ne peux changer tes idées et ta perception, car celles-ci appartiennent à ton libre arbitre.

Quand tu sens remonter à l'intérieur de toi une image positive, une solution simple à un problème, c'est moi qui te les souffle. Ne pense pas que ce soit impossible et n'ignore pas mes messages : si tu les appliques, tu pourras en tirer des bénéfices immédiats. »

> *Exercice : La prochaine fois que tu auras un projet, une idée, mets de la joie dans tes gestes, dans tes actions. Laisse ton intuition remonter à l'intérieur de toi. Sers-t'en pour faire des plans, pour élaborer la meilleure stratégie afin de récolter l'abondance et le bonheur dans ta vie. Tu le mérites vraiment.*

J'aimerais te dire...

« Tu devrais bien savoir ça, toi, que tout vient à point à celui qui sait attendre (rire) ! Mon petit coco ! Tu es tout le temps en train de chercher à tout comprendre, à demander (rire) !

Heureusement que de temps en temps, on peut se faire comprendre comme ça (canalisation). Tu sais, mon fils, on n'a pas toutes les réponses. Il te faut trouver tes propres réponses sur la terre, sinon tu vas faire comme nous : tu finiras par les trouver en arrivant ici (rire) !

J'ai retrouvé toute ma famille. De temps en temps, il y en a un nouveau qui arrive. On l'accueille et on l'aide, on en prend soin. On sait ce que c'est que de perdre sa famille.

Je voulais te dire, mon enfant, que tu as toujours été spécial à mes yeux, et tu l'es encore. Tu n'es pas comme les autres. Bien sûr, tu es un homme, avec ta personnalité, et surtout, ton caractère (rire) ! Mais tu es aussi très connecté avec ton âme, aux forces auxquelles je n'ai même pas encore accès (rire) !

Il faut apprendre à se pardonner, et c'est la voie du cheminement que j'ai choisi. Sois dans la paix, mon fils que j'aime. »

Quelques explications supplémentaires de Marylène

Votre défunte est dans sa lumière. Elle chemine et comprend le but de sa dernière incarnation sur terre. Elle voit votre soif de tout connaître, de tout savoir, et elle vous encourage à continuer de chercher. Les défunts ont aussi des missions dans l'au-delà et, en ce moment, celle de cette âme est d'accueillir ceux qui quittent le plan terrestre.

Ton ange aimerait te dire...

« Tu cherches ton chemin, tu te sens perdue, tu ne vois plus la lumière au bout du tunnel ? Il est maintenant temps de prendre une pause et de méditer. Car c'est en méditant que tu m'entends le mieux. C'est dans le calme que tu peux trouver la solution, la réponse à tes questions.

Ne cherche pas les solutions à l'extérieur de toi et n'attends pas l'approbation des autres. Ils ne te connaissent pas, et surtout, ils ne savent pas ce que tu es venue faire sur terre, alors comment pourraient-ils savoir ce qui est bon pour toi ? Ils peuvent te donner des pistes, mais cela t'appartient de trouver ta solution.

Par ce message aujourd'hui, je veux t'indiquer que tu es sur le bon chemin. Tu ne tournes plus en rond, tu avances vers la bonne solution ; il te faut continuer, il faut te faire confiance. Je guide chacun de tes pas, et si tu me laisses faire, tu seras toujours sur le bon chemin. Je te guide à travers ton canal intuitif, je suis cette petite voix que tu entends vibrer à l'intérieur de toi. »

Conseil de ton ange gardien : Trouve-toi une technique de méditation qui t'aidera à relaxer, à faire le vide à l'intérieur de toi. La lumière se trouve en toi, les solutions aussi. Plus tu te tournes vers l'intérieur, plus tu retrouves ton équilibre naturel, sans feux d'artifice et sans flafla. Tout peut être simple, si tu le désires.

Ne pense pas au futur.

J'aimerais te dire...

« Salut ! On se laisse prendre facilement au jeu de la terre. On en oublie notre mission, ce qu'on est censés venir faire. Je le sais, ça m'est arrivé. J'ai tourné, tourné en rond à ne plus savoir que faire. J'ai laissé ma place aux autres, je n'ai pas pris la mienne !

Le résultat ? En me voyant ici, avec la moitié de ce que je devais accomplir, *je n'étais pas gros dans mes culottes* (je n'en menais pas large) (rire) ! Donc si je pouvais t'aider encore un peu, c'est ce que je te dirais. C'est bien beau, les autres, de tout le temps penser aux autres, mais il faut aussi penser à toi. C'est surtout ça que je voulais te dire. Merci de m'écouter.

Tu sais, on a choisi de venir ensemble au monde, dans cette famille-là, de vivre c'te genre de vie-là ! Toi, tu as encore quelque chose à y faire, alors que moi, j'ai fait ce que j'avais à faire.

Merci pour tes prières et tes pensées. Elles sont bien réelles et elles me font beaucoup de bien. Oui, il m'arrive de pouvoir me manifester à l'endroit où tu habites. Grâce à toi et à tes énergies. Nous sommes avec toi et nous t'envoyons de belles énergies. Prends soin de toi. »

Quelques explications supplémentaires de Marylène

Ce défunt vous rappelle que nous nous incarnons tous avec un but à atteindre. Il vous dit qu'il est important de prendre sa place, car lui n'a pas su prendre la sienne de son vivant. Il ne faut jamais sous-estimer le pouvoir de la prière. Vous aidez ce défunt lorsque vous prenez le temps de penser à lui et de lui souhaiter de trouver la paix. Continuez !

Ton ange aimerait te dire...

«Je vois bien que tu fais tout ce que tu peux pour être heureuse, pour trouver ton équilibre, et je suis fier de toi. Dernièrement, les choix que tu as faits t'ont permis d'avancer. Cela n'est pas toujours facile, car il t'arrive de faire de la peine autour de toi, et tu es sensible à cela. Sache que je te comprends.

Cependant, tu dois savoir toi aussi que par moments, il te faut prendre soin de toi et de tes émotions, et que pour cela, tu dois mettre les sentiments des autres de côté. Il te faut premièrement penser à toi. Tu ne pourras pas réaliser ta mission de vie si tu es toujours en train de penser aux autres, à leur bien-être, à leur opinion...

L'amour se trouve partout. Tu n'es pas obligée de plaire à tout prix aux gens pour retirer une satisfaction qui s'apparente à de l'amour. Tu peux ressentir cette émotion en te concentrant sur toi et sur ce que tu désires réellement accomplir dans la vie. Ce n'est pas être égoïste de penser de cette manière. Tu voudrais comprendre? Voici ce que tu dois comprendre: aime-toi toi-même, prends du temps pour toi et fais les choses en fonction de toi et de tes désirs.»

Conseil de ton ange gardien: Tu es la personne la plus importante de ta vie. Tu t'es incarnée sur terre d'abord et avant tout afin de devenir la meilleure version de toi-même; il te faut donc faire des choses pour toi. Je t'invite à dresser immédiatement une liste des nombreuses choses que tu désires pour toi-même, sans te restreindre ou te censurer. Je veille sur toi et je veillerai à t'aider à accomplir ce qui se trouvera sur cette liste.

En restant fidèle à toi-même.

J'aimerais te dire...

« Je te l'avais dit que je reviendrais te voir. Que si ça existait, je reviendrais te le dire ! C'est fait. C'est plus beau que je pensais. Plus facile aussi. Je m'en suis fait pour rien !

Continue de faire ça bien, de faire comme tu le fais. Je ne te l'ai pas toujours dit, mais je l'apprécie. J'ai apprécié comment tu étais avec moi. Je suis allé voir le grand-père, il m'a dit comment ça s'était passé. On s'est expliqués, tout va bien.

On en comprend, des choses, ici. Tu es une fille dévouée et serviable. Tu as ton petit caractère et c'est bien (rire). Je ne vis pas avec toi (rire) !

Là, j'apprends à travailler les énergies. Je les fais rouler et tourner. Des fois, je les échappe (rire). Je les mélange avec moi, avec les miennes. Parfois, je deviens tout chaud (rire). Oui, je peux t'en envoyer un petit peu. Mais on m'a averti : je ne peux pas t'aider. C'est à toi de te débrouiller. Il faut que tu apprennes à faire tes affaires par toi-même ! Je peux te consoler, et ça me fait plaisir de le faire.

Je m'ennuie de manger. Oh, manger (rire) ! Fais-le pour moi (rire) ! Mange, c'est bon pour la santé du corps physique. N'oublie pas de prendre des vacances et de venir me voir ! »

Quelques explications supplémentaires de Marylène

Votre défunt est content que vous lisiez ce message. Il vous parle de ce qu'il fait désormais dans l'au-delà. Son travail avec les énergies lui permet de s'élever et de pouvoir vous en offrir pour vous aider. C'est la seule façon qu'il a de le faire. Il vous demande une faveur, soit celle de déguster un bon repas en sa mémoire.

Ton ange aimerait te dire...

«Plus tu es dans l'action, plus tu accomplis ta mission de vie. Tu peux prendre quelques pauses ici et là, le temps de refaire le plein de tes énergies. Cependant, comprends bien qu'il ne faut pas que tu t'arrêtes longtemps, car c'est à ce moment que tes pensées envahissent ton cerveau et le paralysent. C'est quand tu penses trop que tu deviens inefficace. Ton cœur et ton âme sont toujours en action, ils ont toujours soif d'expériences.

Je te le dis souvent: je suis là pour te guider. Je me souviens de ce que tu as choisi avant de venir au monde sur la terre, et je suis là pour te le rappeler. Toi et moi, on fait équipe; ta mission est aussi ma mission. J'ai autant à cœur que toi que tu réussisses, tout en étant heureuse et confiante. C'est mon rôle de te guider vers les bonnes expériences.

Rappelle-toi cependant que je ne peux faire ces expériences à ta place ni te fournir des solutions toutes faites. C'est à toi de faire tes choix et d'en comprendre les conséquences. Tu dois trouver l'équilibre entre ta tête et ton cœur. Un indice: tout ce que tu entreprends avec ton cœur est toujours le meilleur choix que tu puisses faire.»

Exercice: Sur une feuille de papier, dessine un chemin. Puis, inscris-y le point de départ en écrivant la date d'aujourd'hui. Ensuite, le long du chemin, écris ce que tu souhaites réaliser et des dates où tu voudrais que cela se produise dans ta vie. N'analyse pas, n'intellectualise pas tes réponses; écris ce qui te vient spontanément à l'esprit. Prends ensuite du recul, observe ton dessin et fais-moi confiance afin que je te guide dans ta marche le long de ton chemin.

Une fois n'est pas coutume.

J'aimerais te dire…

« C'est pour toi que je fais ça, j'espère que tu le sais (rire) ! Je ne peux pas tout t'expliquer, alors j'espère que tu vas me pardonner ! Tu sais, on ne connaît jamais trop ceux qu'on aime. Tu sais beaucoup de choses sur moi, mais pas tout. Et je suis heureux que tu ne saches pas tout (rire) !

Oui, je suis encore auprès de toi. Ça ne m'empêche pas d'aller évoluer. Je le fais quand je sais que tu es bien. Parfois, tu fais des choses complètement inutiles ! Ça ne te nourrit pas en énergie. Je ne veux pas te voir perdre ou échouer ta mission de vie. Alors, écoute ton ange, écoute-le comme il faut !

Tu peux encore pleurer sur mon épaule. Je t'écoute, je veux que tu saches que je suis encore là pour toi. Tant et aussi longtemps que tu en auras besoin.

Je suis enfin libéré. C'est fini, la terre, pour moi. J'ai de la peine de voir ce que vous vivez, ce que toi, tu vis. J'espère que tu vas te battre. Pour vivre dans un monde à la hauteur de tes espérances et à la hauteur de ton âme !

Merci d'avoir été toi. Merci d'être venue au monde dans ma vie. Je t'en suis reconnaissant. »

Quelques explications supplémentaires de Marylène
Vous pouvez vous compter sur ce défunt, il peut vous aider. Il vous suggère d'écouter davantage votre ange gardien ; celui-ci peut vous aider encore plus que votre défunt. La personne qui vous offre ce message est libre et elle est dans sa lumière. Elle est encore consciente de ce que vous vivez sur la terre, à sa façon.

Ton ange aimerait te dire...

« Ne t'apitoie pas sur ton sort. Sois plutôt heureuse que cela se soit produit. Parce que cela vient s'ajouter à ton bagage d'expériences terrestres. Tu as compris la leçon ? C'est ce qui compte. Cependant, si tu n'as pas compris, cela pourrait revenir dans ta vie ; sois attentive aux signes précurseurs.

Je suis avec toi pour comprendre ces leçons. Je ne te guide pas vers les mauvaises expériences. Je m'assure au contraire que tu puisses vivre ces situations le plus simplement possible. C'est à toi de décider si tu stagnes dans ces situations ou si tu les règles afin de les sortir de ta vie. Je serai toujours de bon conseil ; il n'en tient qu'à toi de m'écouter, de voir les signes que je te laisse.

Tu n'as pas choisi des expériences difficiles, tu n'as pas choisi tout ce qui t'arrive de mal dans ta vie. C'est le fait de rester dans ces situations et de ne pas bouger qui t'amène à vivre de la souffrance. Dès le moment où tu en auras assez et où tu passeras à l'action, tout ce négatif cessera, et tu pourras vivre des expériences plus heureuses. »

Exercice : Je te propose une prise de conscience. Sur quels problèmes t'apitoies-tu ? Pourquoi restes-tu dans cette situation ? La peur ? Le besoin d'attention ? La fausse sécurité ? Oui, c'est peut-être pour toutes ces raisons. Cependant, tu peux te libérer dès maintenant en prenant conscience de ton besoin et en choisissant une autre solution pour le combler. La réponse : l'amour de soi.

Pas si tu te négliges.

J'aimerais te dire...

« Oui, ça a été tout un choc pour vous ! Je le vois encore, mais je vais bien, je te rassure. Quoi qu'en disent ou en pensent les autres. Oui, au début, ce n'était pas évident, mais maintenant, c'est correct. On a beaucoup de choses à apprendre sur notre mort. Ça fait partie de l'évolution terrestre, de ce qu'on était venus apprendre à faire.

Je me suis occupée de ce que tu m'as demandé (rire). J'ai fini par lui envoyer toutes mes énergies. C'est elle qui a fait le reste, j'y suis pour rien (rire) !

Tu es tellement rendu beau ! À part quand tu as des pensées noires ! On le sait tout de suite (rire) ! Fais ce que tu penses qui est juste et bon pour toi. Ne perds pas ton temps à te demander ce que les autres pensent.

L'histoire de ton père va te faire grandir. Vous êtes venus vous comprendre. Je le sais maintenant, parce qu'il y a des choses qui me concernent aussi. Sur quelques points, on n'est pas différents (rire) !

Je viens voir ma famille régulièrement. Elle s'agrandit toujours (rire). Promets-moi que tu vas continuer de faire attention à toi. Tu es une belle âme en évolution. Accroche-toi ! »

Quelques explications supplémentaires de Marylène

Cette défunte nous rappelle que le moment de notre mort est important dans notre compréhension du passage sur terre. Elle est consciente de ce que vous vivez et même de ce que vous pensez. Elle le voit grâce à vos énergies. Elle vous dit aussi qu'elle comprend une situation que vous vivez avec un membre de votre famille, car elle se sent concernée.

Ton ange aimerait te dire...

«Ne pense pas au temps qu'il te reste, ne pense pas au temps qui est passé. Il ne sert à rien d'avoir des regrets ou d'anticiper l'avenir. Ce qui compte vraiment, c'est le moment présent. Tu vis une minute à la fois dans ce corps physique, sur cette terre, alors tu dois savourer cette minute. À chaque seconde se présente à toi une expérience que tu peux choisir de vivre. Tu as toute la latitude pour la vivre ou pour la laisser passer.

Tout ce qui t'est destiné sera au rendez-vous, nous ne laissons rien au hasard. Nous prenons au sérieux vos expériences et votre courage. Par ce message, je veux te dire de ne pas t'affoler si tu n'y arrives pas du premier coup, si tu dois recommencer une expérience de vie; je t'accompagne et je t'encourage.

Chaque expérience te procure un bagage à ramener avec toi pour que tu deviennes une âme de plus en plus expérimentée. Je fais partie de la solution. Tu peux demander que je t'assiste, je me fais une joie de t'aider et de te guider. Ne t'inquiète pas, tu auras tout le temps nécessaire à l'accomplissement de ta mission et à l'épanouissement de ton âme sur terre.»

Conseil de ton ange gardien: Bien que le temps soit une notion exclusive au plan terrestre, il ne faut pas que ce dernier devienne un handicap pour toi. Il ne faut pas qu'il crée chez toi de la nervosité, de la peur ou des regrets. Le temps te permet de te situer, de préparer tes prochaines actions; il ne faut pas que tu te mettes de la pression. Ce que tu ne pourras faire dans cette vie, tu le feras pendant la prochaine!

Sois authentique pour obtenir ce que tu désires.

J'aimerais te dire…

« Salut ! C'est maintenant que tu me contactes ? Quand tout est fini (rire) ! Tu sais que tu peux compter sur moi. Tu es là à me parler, puis tu te retiens, de peur de me déranger, ou de peur que j'aie de la peine !

Mais non ! Je suis rendu plus loin que ça ! Je suis dans un endroit où tout va bien ! Je suis calme et heureux ! Arrête de t'en faire avec tout ça. On avait chacun notre vie à vivre. On était comme on était. On ne peut pas changer le cours des choses.

J'espère que tu vas en prendre soin (femme). Elle en a besoin. Tu es important pour elle. Je suis en accord avec ta décision. C'est le mieux que tu puisses faire. Ce n'est pas facile, les émotions, hein, le frère (rire) ?

Je m'ennuie de toi et de vous tous, et du *fun* (plaisir) qu'on avait ensemble ! Si j'avais su que je partirais si vite, j'en aurais eu plus (de *fun*) ! Ne crains rien, par exemple, c'est sûr que je suis avec vous autres, de toute façon !

Je le sais que tu sens ma présence à tes côtés, et j'en suis bien content. On marche ensemble et tu me parles. Je suis heureux. Merci, mon frère, ça me fait vraiment du bien. »

Quelques explications supplémentaires de Marylène

Ce défunt veut que vous compreniez que le fait de vous confier à lui ne l'empêche pas de cheminer dans sa nouvelle dimension. Au contraire, il vous encourage à continuer. Il vous demande de prendre soin d'une personne ; il voit qu'elle a besoin de vous. Il s'ennuie de votre relation et des bons moments que vous avez vécus ensemble. Il sait aussi que vous pouvez à l'occasion sentir sa présence.

Ton ange aimerait te dire...

« Tu es une bonne personne, une personne intègre et authentique. Peux-tu seulement laisser s'exprimer ton âme à travers elle ? Sois la personne que tu as le goût d'être, celle qui vibre au fond de toi. Rien ni personne ne peut t'empêcher d'être celle que tu souhaites.

Ton âme est pure et rayonne autour de toi. Tu attires à toi les gens et les situations, grâce à ces énergies. Cependant, lorsque tes énergies sont polluées par trop de négativité, tu ne rayonnes plus autant, et tu attires à toi des gens et des situations déplaisantes. Je peux t'aider à changer cela. Nous savons tous les deux que tu es capable de redevenir cette personne épanouie et heureuse.

Tu te demandes ce que j'aimerais te dire ? Eh bien, je veux te dire qu'il est plus que temps que tu redeviennes cette belle personne que tu es et que tu puisses faire le bien autour de toi. Que tu puisses te faire du bien à toi dans un premier temps. Courage, tu es capable de changer ! »

Exercice : Qui es-tu réellement ? Est-ce que tu t'es déjà posé la question ? Tu peux aussi te demander qui tu aimerais être, car la vérité n'est jamais loin de cette réponse. Sur une feuille, dresse une liste de toutes tes qualités, de toutes les bonnes actions que tu as faites. Qu'est-ce qui te manque pour laisser s'exprimer cette personne ? Écris-le, je vais t'aider à trouver des solutions.

Tout passe par l'amour de soi.

J'aimerais te dire…

« Salut à toi. Non, je ne suis pas trop fatigué pour te parler, mais c'est vrai que je dois faire attention à mes énergies. C'est bizarre à quel point ça peut se passer différemment pour chaque personne. Oui, on se retrouve tous là-haut.

J'avais des doutes, mais plus maintenant (rire). J'ai réglé mes comptes (rire). Ça va beaucoup mieux maintenant, je me sens moins lourd.

Il faut que je te dise : je n'ai pas toujours pris les bonnes décisions. Parfois, c'est ma tête qui menait beaucoup plus que mon cœur, et j'en suis désolé. Toi, tu étais une bonne décision (rire). Tu m'as charmé. Même si, sur certains points, on était différents, tu m'as rendu heureux, on s'est rendus heureux.

Je sais que tu te poses beaucoup de questions depuis mon départ. J'aimerais bien t'aider. Si tu as besoin d'en parler, je veux être là pour toi comme tu l'as été pour moi. C'était des moments incroyables ! Tout a été fait comme il faut, crois-moi. Ce que je voyais d'en haut était sain et beau. On aurait dit des anges humains (rire) ! Ils étaient là avec leurs mains pour tout faire, alors que j'étais déjà parti.

Je vais t'attendre, on a encore plein de choses à se dire. Je t'aime ! »

Quelques explications supplémentaires de Marylène

Cela ne fatigue pas votre défunt lorsque vous lui parlez ; il est conscient de la limite de ses énergies. Avant de partir, il avait des doutes sur le fait qu'il allait retrouver ses défunts. Il est bien heureux de voir maintenant que c'est chose possible, et il partage cette information avec vous. Dans ce message, il vous dit qu'il a été conscient de ses derniers instants sur terre et du moment où il a quitté son enveloppe charnelle.

Ton ange aimerait te dire...

« Tu peux me demander tout ce que tu veux, absolument tout, car rien n'est impossible. Cependant, tu dois comprendre deux choses importantes. La première, c'est que les choses que tu souhaites obtenir ou voir se réaliser doivent faire partie de ta mission de vie. Tu ne peux pas me demander de t'obtenir une chose, que ce soit une situation, une relation ou un bien, si cela ne t'aide pas à accomplir ta mission terrestre.

La deuxième chose est que tu dois t'aider toi-même en passant à l'action. Si tu fais les bons gestes au bon moment, je pourrai t'apporter la lune ! Ne vois-tu pas toutes les occasions que je place devant toi pour que tu exauces tes vœux les plus chers ? Chaque fois que tu as une bonne idée, un désir, une inspiration, cela provient de ton âme. Elle et moi, nous formons une équipe, et nous sommes là pour que ta vie soit plus douce, plus simple.

Maintenant, c'est à toi de passer à l'action, d'écouter cette petite voix intérieure qui te pousse à vouloir réaliser tes rêves. N'hésite pas à me demander quelque chose, un conseil ou de l'aide dans une relation. Je serai toujours à tes côtés. Je ne te jugerai jamais. Je suis là pour toi, rien que pour toi. »

Exercice : Dresse la liste de tout ce que tu aimerais obtenir. Absolument tout. Ensuite, relis cette liste et encercle ce qui est le plus important, ce qui te ferait évoluer et qui te rendrait vraiment heureuse. À partir de ce que tu auras encerclé, prends une autre feuille et détaille tes demandes le mieux possible. Écris les raisons pour lesquelles ces demandes sont importantes pour toi. Finalement, dépose cette feuille dans un endroit facilement accessible. Relis-la régulièrement et biffe les choses que tu obtiens au fur et à mesure qu'elles se présentent dans ta vie.

Prends soin des autres comme tu voudrais qu'on le fasse pour toi.

J'aimerais te dire…

« Oui, bonjour. Tu vois, je suis encore là ! C'est comme si ça faisait longtemps que j'étais parti en voyage. Ce n'est plus ce que c'était que de vouloir communiquer avec les morts et avec les anges. Je suis content que tu veuilles le faire.

Je suis fier de toi. Je le sais que tu fais de ton mieux. Ce n'est pas facile d'être sur la terre, surtout en ce moment. Mais c'est là que ton âme apprend à grandir. J'ai perdu quelques leçons, mais pas toi. Vis ta vie à fond, dans chacun des gestes que tu poses, dans chacun des choix que tu fais. Demande-toi toujours si c'est ce que ton âme veut.

Ne travaille pas trop (rire) ! Ce n'est pas toujours par là qu'on grandit. C'est surtout dans l'amour et dans ce qu'on fait par amour. La vie, c'est important. Donner la vie aussi, c'est important.

Te conseiller ? Même si je suis parti, je continue de le faire (rire). Tu es assez grande pour tout comprendre. J'aime bien te donner de petits coups de pouce de temps en temps.

Sers-toi des écrits pour me comprendre, et surtout, fais-toi confiance ! Tu ressens beaucoup plus de choses que tu ne le crois. Merci de m'avoir parlé. »

Quelques explications supplémentaires de Marylène

Vous pouvez être rassurée : votre défunt veille encore sur vous. Il est content que vous puissiez croire en la communication avec les personnes décédées. D'ailleurs, il vous suggère d'utiliser les écrits pour comprendre ses messages, comme ce livre ou des cartes. Il vous rappelle que c'est dans l'amour que notre âme grandit et qu'elle évolue.

Ton ange aimerait te dire…

« Tu crois que la vie n'est faite que d'épreuves ? Ce n'est pas tout à fait ça. Les épreuves qui sont sur ta route ont pour but de te faire évoluer. De ces épreuves, tu tires des leçons qui vont te servir toute ta vie, et même pour tes prochaines vies. Ce n'est pas agréable, je te le concède ; cependant, observe bien comment ces épreuves arrivent dans ta vie.

Parfois, elles découlent directement de choix que tu as faits. Alors, tu ne peux blâmer la vie d'être dure envers toi, puisque c'est toi-même qui t'es mise dans une mauvaise position. Tu sais, lorsque tu te dis : « J'aurais donc dû… », cela provient de ta petite voix intérieure, celle qui te prévenait de ne pas dire quelque chose, de ne pas faire tel geste ou de ne pas aller à cet endroit… Parce que ton âme et moi-même, nous voulons t'éviter certaines épreuves pas toujours nécessaires.

Toutes ces épreuves ne sont pas inscrites dans ton destin ; alors si tu veux les éviter dans le futur, écoute ta petite voix intérieure. Synchronise tes choix, tes gestes, tes idées avec elle. Tu t'éviteras bien des tourments et des problèmes. »

Conseil de ton ange gardien : Avant de dire quelque chose à voix haute, pense aux conséquences que cela peut avoir sur les gens autour de toi. Est-ce nécessaire de le dire ? Si oui, sois authentique et sois délicate dans ta façon de le dire. Avant de prendre une décision, de faire un choix, pense à ce qui se passera ensuite : est-ce vraiment ce que tu veux ? Si oui, passe à l'action en y allant doucement.

Pas avant quelques semaines encore.

J'aimerais te dire…

« Bonjour, grand-maman ! Tu es surprise, hein ? C'est trop bien où je suis. En plus, il y a beaucoup de mamies comme toi ici. Il faut que je te dise un secret : il y a aussi des grands-pères ! Ils sont gentils et ils nous montrent beaucoup de trucs.

J'ai fait de la peine à maman, je suis désolé. Je sais qu'elle va comprendre quand elle reviendra ici. Je lui donne beaucoup de *becs* (bisous) et de câlins. Je me souviens que j'étais bien dans tes bras, il n'y a rien qui ressemble à ça ici.

Il y a les anges. Ils m'ont aidé à venir sur la terre et ont toujours été près de moi. Ils m'ont dit : tu vas aller faire ton champion sur la terre, cette famille-là a besoin de toi. Ces gens vont vivre beaucoup de choses en t'accompagnant. Tu vas changer leur vie.

Ils m'ont dit de ne pas avoir peur. J'ai reçu beaucoup d'amour et j'en reçois encore beaucoup. Tu sais, je suis guéri ! Ton papa veut que je te dise allô ! Et toi et moi, on va se faire la bise quand tu vas revenir avec les anges. Là, on aura le droit de se voir comme il faut ! Bye ! »

Quelques explications supplémentaires de Marylène

Cette jeune âme veut que vous sachiez qu'elle est entre de bonnes mains, qu'elle n'est pas seule. Elle donne une courte explication sur sa venue sur terre, entre autres sur le fait que sa mission était de faire vivre certaines expériences à sa famille. Elle était heureuse dans sa famille terrestre. Finalement, elle vous dit qu'elle sera là lors de votre départ de la terre.

Ton ange aimerait te dire...

« Aujourd'hui, c'est jour de fête ! Peu importe ce qui se passe en ce moment dans ta vie, je veux que tu célèbres. Je veux que tu t'amuses, que tu sois heureuse. Il y a toujours quelque chose dont tu peux te réjouir. La météo, le sourire d'un enfant, ton reflet dans un miroir, un mot gentil qu'un étranger t'a dit... Tout est une occasion de fêter !

J'aimerais que tu prennes deux minutes pour penser à une situation heureuse qui s'est déroulée aujourd'hui pour toi. À quoi penses-tu ? Ça t'a fait sourire, ça t'a rendue heureuse ? C'est ça ! C'est ça que je veux que tu fêtes, tous ces petits moments, toutes ces petites attentions.

Chacun de ces moments élève ton taux vibratoire. Cela te donne de l'énergie, et grâce à cette énergie, tu peux accomplir des choses dont tu ne te sais pas encore capable. Je le sais, puisque je suis tout le temps à tes côtés. J'aimerais que dorénavant, tu portes ton attention sur ces belles choses qui se produisent dans ta vie. Tes énergies vont attirer à toi davantage de ces belles choses au fur et à mesure que tu vas les remarquer et que tu vas les célébrer. »

Conseil de ton ange gardien : Dorénavant, quand un événement agréable surviendra dans ta vie, je t'invite à te concentrer sur celui-ci et à en parler partout autour de toi. Mets ton cœur et ton énergie pour raconter ce qui t'est arrivé de particulier, comme tu le ferais si, à l'inverse, une situation dramatique t'avait marquée. Tu verras qu'en faisant cela, l'Univers sera réceptif et qu'il mettra sur ta route beaucoup de belles situations positives.

Tu viens de perdre ton tout.

J'aimerais te dire...

« Oui, me voilà (rire) ! Tout neuf et tout en forme ! Je ne voulais pas te faire attendre. Surtout après tout ce que tu as vécu. Je me suis mis entre tes mains avec une grande confiance, et laisse-moi te dire que je n'ai pas été déçu !

La vie me manque. Quand tout allait bien. Quand on avait l'impression qu'on allait tout faire. J'en reviens pas encore de tout ce qui est arrivé ! C'est sûr que maintenant, je comprends pourquoi tout ça est arrivé. Tu vas être surprise toi aussi, tu vas voir (rire) !

Oui, c'est moi qui vous joue des tours, des fois ! Je voudrais en faire plus, mais je ne suis pas capable (rire) ! Oui, je les ai tous retrouvés et ils vont tous bien. Je lui ai fait ton message. Il t'aime très fort, tu sais !

Moi aussi, je t'aime. Pour ce que tu es et pour tout ce que tu as réussi à faire avec moi (rire). Je te l'avais dit que si je pouvais, j'allais revenir te le faire savoir. Je salue tout mon monde, mes *chums* (amis).

Si j'ai quelque chose à vous dire en terminant, c'est d'apprendre à profiter de la vie, de chaque minute ; ça compte ! »

Quelques explications supplémentaires de Marylène
Votre défunt est en pleine évolution dans sa lumière, il va bien. Il réalise qu'il a quelques regrets ; il s'ennuie de ce que le plan terrestre lui procurait. Il vous avoue que les signes et les manifestations qui se produisent autour de vous proviennent de lui. Faites comme il vous dit : sachez profiter de la vie, c'est important.

Ton ange aimerait te dire…

« Est-ce que tu es heureuse ? C'est important pour moi que tu répondes à cette question. Honnêtement et sincèrement. Je sais comment tu te sens, je le perçois par tes énergies et j'entends tes pensées ; cela fait partie de mon rôle de connaître ces détails. Mais toi, je me demande si tu le sais vraiment !

Regarde autour de toi. Tes avoirs sont-ils si importants pour toi ? Tu crois que c'est ce qui te rend heureuse ? Et tes relations ? Elles ont l'air de quoi ? Sont-elles équilibrées ? Est-ce que tu reçois autant que tu donnes, et donnes-tu autant que tu reçois ?

Ta mission de vie passe aussi par les émotions que tu ressens. Tu peux accomplir une grande mission, mais tu peux passer à côté de plusieurs détails qui te laisseront des déceptions lorsque tu arriveras dans l'au-delà. Comme être heureuse et accomplie. Dépose-toi, analyse ta vie actuelle et dis-moi si tu fais tout ce qu'il faut pour être heureuse. »

Exercice : Prends une pause de quelques minutes ou davantage, si tu le peux. Demande-toi sincèrement si tu es heureuse là où tu es en ce moment dans ta vie. Dans ta relation avec toi-même, dans ta relation avec les gens qui t'entourent. Es-tu heureuse dans ton travail ? Est-ce que tu réalises quelque chose qui te fait vibrer ou travailles-tu seulement pour ton salaire ? Ensuite, demande toi ce qui pourrait te rendre encore plus heureuse.

J'aimerais te dire...

« Bonjour, bonjour ! Je suis content d'être là, content que tu entendes mon message. Je suis heureux maintenant. J'ai fait la paix avec la mort, avec tout ça ! J'ai été comblé avec toi. Je le savais avant de partir, mais je le sais encore plus maintenant.

La vie est belle ici, c'est une autre vie. Ce n'est plus du tout la même affaire (rire) ! J'ai découvert que plus tu fais le bien sur la terre, plus haut tu vibres ici. Mes lapins, mes écureuils, c'est d'eux que je prends soin maintenant. Chaque espèce a sa raison de vivre (rire).

Je m'ennuie de nos nuits romantiques (rire). Ah, ce que j'en ai profité (rire) ! Je voudrais te remercier d'être restée auprès de moi pendant tout ce temps, ça a été court finalement, trop court.

Je suis parti avec de très beaux souvenirs, de très belles images de toi, souriante. Je t'aime toujours autant, et même plus, c'est différent. Recommencer ? Je recommencerais demain matin, sauf que je te donnerais plus de temps (rire). Je serais encore plus *colleux* (affectueux).

Je t'embrasse, ma chérie, et surveille-moi toujours (rêves). Je passe te dire bonjour de temps en temps pour ne pas me faire oublier. »

Quelques explications supplémentaires de Marylène

Ce défunt vit bien son décès, à présent. Il est en paix et il est dans sa lumière. C'est important pour lui de vous dire à quel point il était bien dans la relation avec vous. Il partage avec vous une idée très importante : plus vous faites du bien sur la terre, plus facile est votre évolution dans l'au-delà. Soyez à l'écoute de vos rêves, car votre défunt vous rend visite pendant votre sommeil.

Ton ange aimerait te dire...

« Tu oublies parfois pourquoi tu es sur la terre. Tu crois de plus en plus que la vie est faite pour te faire souffrir. J'aimerais remettre tes pendules à l'heure. La vie n'est pas faite pour te faire souffrir; au contraire, elle t'offre plusieurs occasions d'être heureuse, d'atteindre le bonheur. Tu as choisi de venir sur terre pour expérimenter les énergies terrestres.

Ce qui veut dire profiter de la vie et de ce qu'elle t'offre. Prenons la nourriture en exemple : il n'y a que sur la terre que tu peux profiter des aliments. Cela ne signifie pas de manger n'importe quoi, n'importe quand. Cela t'indique plutôt de prendre le temps de remercier la terre pour sa vitalité et pour sa capacité à faire pousser les aliments qui se retrouvent dans ton assiette. Prends conscience que c'est la nourriture qui donne de l'énergie à ton corps physique et que c'est ce même corps physique qui te permet de réaliser ta mission.

Cesse maintenant de tourner en rond, de croire que tu n'as rien à faire sur cette terre et remercie la vie terrestre pour ce qu'elle peut t'apporter. Honore les émotions que tu ressens parce que tu es vivante sur cette terre. »

Conseil de ton ange gardien: Beaucoup d'âmes attendent pour venir sur terre. Toi, tu as la chance d'être en vie, d'être sur cette terre. Ne gaspille pas ce temps en te plaignant des petits riens. Sois consciente que c'est un privilège que tu as en ce moment. Profite des bienfaits et de ce que la terre peut t'apporter.

Ce n'est pas certain.

J'aimerais te dire…

« Il ne faut pas t'en faire ! La vie est parfois difficile, mais il faut la vivre quand même. Il faut faire des efforts. Je te le confirme, ça a une influence sur ce qu'on fait ici, maintenant.

J'ai eu toute une vie ! Mais avoir su ce que je sais aujourd'hui, j'aurais pris plus mon temps. Mon père que j'ai aidé, j'aurais fait ça différemment. C'est vrai qu'on ne les comprend pas toujours, nos parents. On a quelque chose à vivre avec eux, c'est important.

Bon, je ne te ferai pas la morale (rire) ! Tu es rendue assez grande, je pense (rire) ! Partout où il y a du *fun* (plaisir), je suis là ! Où il y a de la musique aussi, je suis là. Je chante dans mon coin de paradis (rire). Quand je suis nostalgique et que j'ai toutes mes énergies, j'aide les âmes à avancer. C'est beau, la lumière, l'amour, l'entraide…

Toi aussi, si tu as besoin d'un coup de main, je peux voir ce que je peux faire (rire). N'oublie pas que les anges sont aussi là pour t'aider.

C'est beau de te voir aller. Je suis fière de toi. Je t'embrasse fort ! »

Quelques explications supplémentaires de Marylène
C'est un beau message que cette âme veut vous apporter. Elle vous dit de prêter attention à la relation que vous avez avec vos parents, que même si on ne comprend pas pourquoi on doit vivre cela de cette manière, il y a une raison. Cette défunte est heureuse dans l'au-delà et elle partage à l'occasion un peu de ses énergies avec vous.

Ton ange aimerait te dire...

« Tu crois que l'histoire de tes amis est plus intéressante que la tienne ? Détrompe-toi. Ton histoire est tout aussi intéressante, sinon plus, car c'est la tienne ! J'aimerais que tu te voies par mes yeux, tu saurais quelle personne incroyable tu es ! Tu verrais tout ce que tu peux accomplir dans une journée. Tout le bien que tu peux faire autour de toi.

Tu crois qu'il ne se passe rien d'exceptionnel dans ta vie à comparer aux autres ? Mais tu ne sais pas vraiment ce que les autres vivent dans leur cœur. Ils ne sont peut-être pas aussi heureux et bien dans leur peau que tu le crois. Chaque personne et chaque histoire sont uniques, et ce sont ces personnes et ces histoires qui peuplent cette terre.

Chacune de tes pensées, chacun de tes gestes a une influence sur la vie d'une autre personne, sur l'histoire de ces gens ; tu fais partie de leur histoire. Alors, si tu trouves que l'histoire de ton amie est plus intéressante, sache que c'est un peu grâce à toi, puisque tu fais partie de son histoire. Maintenant, regarde ton histoire à travers les yeux de ton amie... »

Exercice : Dans ton journal ou sur une feuille de papier, écris l'histoire de ta vie. Ou l'histoire de ton dernier mois. Tu vas voir qu'elle n'est pas banale, ton histoire. Que finalement, il s'y passe beaucoup de choses extraordinaires. Il est parfois nécessaire de mettre par écrit ce genre de choses pour mieux en prendre connaissance. Alors ? Tu vois que ta vie est loin d'être banale et que tu as raison d'être heureuse de ta venue sur terre ?

J'aimerais te dire...

« Merci de m'avoir laissée partir (émotion), même si je sais que ce n'était pas facile pour toi, vu les circonstances. Nos croyances changent et elles doivent changer. Maintenant, je le sais ! Pour ça, il faut du courage. Tu peux en trouver.

Merci. Merci d'avoir été avec moi, de m'avoir accompagnée. J'étais résignée, mais au fond de moi, j'avais peur, et il y avait beaucoup de colère. Eux, ils avaient le droit de vivre, et pas moi !

Heureusement, c'est parti, tout ça. Je vais de mieux en mieux. Je découvre comme c'est beau ici, c'est grand, c'est immense. De toute beauté !

Je ne veux pas que tu aies de la peine. Je guéris tranquillement. J'y vais un petit peu à la fois. Je regrette d'avoir gardé mes émotions en dedans. De ne pas avoir dit tout ce que je vivais. Je ne savais pas comment expliquer tout ça. Dans ma prochaine vie, peut-être ?

Je suis contente de t'avoir, toi. D'avoir vécu avec toi. Tu m'as comblée comme maman. Je m'entraîne à aller te voir dans tes rêves. Ça paraît plus facile que ça ne l'est, mais je vais réussir, attends-toi à ça (rire). Je t'aime et je t'embrasse fort ! »

Quelques explications supplémentaires de Marylène
Votre défunte a encore besoin de vos prières. Elle chemine tranquillement dans sa lumière. Cela ne l'empêche pas de se manifester à vous, mais c'est très demandant pour elle en ce moment. Elle observe et analyse sa vie terrestre, ce qui, par moments, lui procure de belles énergies, ou en exige.

Ton ange aimerait te dire...

«Il est temps pour toi de récolter. De récolter ce que tu as semé au cours des dernières années de ta vie sur terre. Accepte de recevoir, même si cela est difficile pour toi. Cela fait aussi partie de ta mission terrestre. Tu ne peux semer, semer et encore semer sans t'arrêter pour récolter les fruits. Si tu as l'impression de tourner en rond, de ne plus savoir ce que tu veux vraiment, c'est parce que tu as oublié ta récolte.

Ce qui se passe en ce moment dans ta vie provient de ce que tu as semé. Tu peux avoir de bonnes récoltes, si tu as semé avec de bonnes intentions. Cependant, tu peux t'attendre à une moins bonne récolte si tu as semé d'une manière négative... avec tes pensées et avec tes croyances.

La vie est faite de cycles; il y a des cycles pour semer et des cycles pour récolter. Quand tu es en période de récolte, tu reçois, alors sois dans la gratitude de recevoir. Dis merci chaque fois que l'on te tend la main ou que l'on t'offre un bien, une occasion. C'est aussi une période de ta vie pendant laquelle plusieurs occasions favorables te sont offertes.»

Conseil de ton ange gardien: Combien de fois as-tu demandé à recevoir plus? Plus d'amour, plus d'attention, plus d'argent, plus de santé? C'est le moment pour toi d'accueillir tous ces plus dans ta vie. De dire merci pour ces privilèges. C'est aussi le temps de te reposer, car c'est aussi cela, récolter: c'est te donner le droit de te déposer et de te reposer.

Tu n'es pas assez confiant.

J'aimerais te dire...

« Oui, je suis content de te parler. Ce n'est pas tous les jours que je peux m'exprimer de la sorte. C'est bien calme, maintenant, autour de moi. C'est maman qui m'a accueilli la première.

Le chemin a été long pour me rendre ici. Je combattais. Je ne comprenais rien (rire). Maintenant, ça va bien. Vos prières m'ont aidé, tu ne peux pas savoir, et elles m'aident encore. Merci.

Je voulais te dire, tenter de t'expliquer... Je suis en train de régler mes affaires. Je n'ai plus de peine. C'est fini, ces émotions-là. Être bien avec soi-même, c'est la pratique qu'on doit faire ici. Il faut de la lumière aussi, beaucoup de lumière dans nos cœurs et pour nos âmes.

Oui, je vois que tu fais beaucoup de bien autour de toi, et ça compte. Tu en seras remercié à ton arrivée ici. Tu vas voir, un jour, tu comprendras. J'ai eu le temps de penser et d'analyser tout ça, cette fois, avec mon cœur et mon âme.

Je ne peux pas te parler de tout, c'est certain. C'est pourquoi je vais savoir comment me reprendre ! Salut ! »

Quelques explications supplémentaires de Marylène
Votre défunt est heureux de pouvoir s'exprimer et de vous parler à vous ! Son arrivée et son cheminement dans l'au-delà ont été difficiles, car il avait de la difficulté à quitter le plan terrestre. En ce moment, il comprend ce qu'il était venu faire sur terre, il découvre une nouvelle façon de voir sa vie d'avant. Continuez de prier pour lui, cela l'aide à poursuivre son évolution.

Ton ange aimerait te dire…

« Cette décision que tu es en train de prendre peut changer le cours de ta vie. Il est important d'écouter ton cœur, lui ne se trompe jamais. Tu peux faire confiance à cette petite voix qui remonte en ce moment même du fond de toi. C'est ton âme qui veut confirmer que tu es sur la bonne voie.

Apprends à te faire confiance. Rappelle-toi toutes les fois où tu as écouté ton cœur, combien tu as été heureuse, satisfaite, soulagée ! Souviens-toi que chaque fois que tu as fait des changements dans ta vie, ça a toujours été pour le mieux. Tu t'es souvent félicitée d'avoir pris ces décisions, t'en souviens-tu ?

Alors, fais-le encore une fois. Fais ce choix qui te conduira au changement, qui te conduira à te sentir plus heureuse, plus légère. Si tu lis ce message alors que tu te poses la question, ne doute plus, ne tourne pas la page en te disant que ça ne se peut pas. Les belles synchronicités comme celle-ci, tu ne les vois pas assez souvent. Et quoi qu'il arrive, c'est toujours pour quelque chose de mieux. Je suis avec toi, tu n'es pas seule. »

Conseil de ton ange gardien : Si tu dois prendre une décision, prends-la avec ton cœur. Ne t'arrête pas à ce que vont penser les autres ou à ce que cela va occasionner dans leur vie. Pour une fois, il te faut penser à toi. Quand tu verras des signes se produire devant toi, tu sauras que c'est le bon moment pour prendre cette décision.

Après que ce conflit sera réglé.

J'aimerais te dire…

« C'est bien, mon fils, que tu sois spirituel. Ton âme en a bien besoin. L'homme sur terre doit apprendre à travailler de ses mains ou avec sa tête. Et trop souvent, il ne prend pas le temps de faire vivre son cœur, son âme.

J'ai appris à devenir égoïste, je ne voulais pas. Mais mon entourage (environnement) m'a rendu comme ça. Alors, fais attention à toi. Ne laisse pas ton mental prendre toute la place. Continue tes prières, n'aie pas honte de toi et de tes émotions.

La communication, ça aussi, c'est important. Je sais maintenant que beaucoup de gens t'écoutent, alors prends au sérieux ton rôle et le pouvoir que tu possèdes, et utilise-le bien. Nous sommes tous là à veiller sur vous et à vous aider à faire le bien.

Tu es très intelligent, très brillant et très curieux aussi. J'aime ça (rire). Tu peux jouer comme tu le faisais quand tu étais un petit gars ! C'est ça qui réanime l'âme. Vous êtes beaux quand vous riez tous !

Éloigne-toi des mauvaises fréquentations et des tentations faciles ; ce ne sont que des illusions amères. Fuis-les le plus loin possible ! Je reste avec toi pour t'aider à continuer ton chemin, je suis là pour te soutenir ! »

Quelques explications supplémentaires de Marylène

Il est important pour ce défunt que vous compreniez ce qu'il vous dit : travaillez avec votre âme, votre cœur, et pratiquez la communication. Tenez-vous loin des tentations, devenez une bonne personne. Il vous offre son aide dans les moments difficiles, alors pensez à lui et vous obtiendrez un peu de son énergie.

Ton ange aimerait te dire...

« Toi aussi, tu remarques que le temps passe plus vite. Tu as peur de ne pas avoir le temps de tout faire ? Alors, c'est maintenant que tu dois apprendre à choisir. Ne laisse pas la vie écouler ton temps terrestre, reprends les rênes et choisis ce que tu désires réaliser.

Chacune des expériences que tu fais est un plus dans ta compréhension terrestre. C'est bien ce que ton âme est venue chercher en s'incarnant. Plus tu vis des expériences, plus ton âme grandit et devient sage. Tu as le droit de choisir ces expériences, tu as le droit de vouloir vivre de belles choses.

C'est en faisant des changements et en prenant de nouvelles habitudes que tu vas pouvoir prendre en main le temps qu'il te reste sur terre pour vivre tes expériences. Éloigne-toi de ce qui peut te faire perdre un temps précieux, cesse de procrastiner et mets en place des activités qui te feront bouger, qui te redonneront de l'énergie et qui te feront découvrir le plan terrestre à nouveau. Il te reste tellement de choses à vivre et à voir. »

Conseil de ton ange gardien : N'attends pas qu'il soit trop tard pour agir. Si tu savais le nombre de défunts qui passent leurs premières étapes d'évolution à dire « J'aurais donc dû... » Ne fais pas partie de ceux-là. Fais partie des défunts qui disent « Ma vie a été bien remplie, j'ai fait tout ce que j'ai pu à l'intérieur du temps que j'avais, je suis contente ».

Non et encore non.

J'aimerais te dire...

« Comme je te comprends d'être curieux ! Moi aussi, je l'étais. Comme toi aujourd'hui ! (rire) Bien sûr, on m'avait conditionnée à croire autre chose, mais j'ai toujours fait à ma tête. Je savais, au fond de moi-même, qu'il y avait quelque chose de l'autre côté. J'ai été confrontée à la mort très jeune, c'est pourquoi j'ai toujours cherché à comprendre où s'en allait la petite lumière qu'on a au fond de soi.

Merci de prendre de mes nouvelles de cette façon. Je suis très heureuse, mon fils. Merci de ne pas raconter n'importe quoi. D'être fidèle à tes idées, à tes valeurs. Tu es un grand homme. Un homme de cœur. Tu sais faire la part des choses. J'ai revu mes autres enfants. Je sais ce qu'ils sont devenus. Ça m'a fait du bien.

Le chocolat, oui, oui, le chocolat (rire) ! Un petit péché mignon (rire) ! Tout ça pour te dire : savoure chaque petit moment de la vie comme une gâterie. Je suis heureuse d'être ta mère et de tout ce que j'ai pu t'apporter à toi en tant qu'être humain.

Tu dois continuer tes prières ; elles aident réellement les âmes et leurs passages ici. »

Quelques explications supplémentaires de Marylène

Cette défunte est bien et elle est dans sa lumière. Elle est heureuse d'être parvenue dans l'Univers de ses croyances et elle veut que vous puissiez continuer d'y croire vous aussi. Elle vous demande de profiter de la vie sur terre et de tout ce que celle-ci peut vous apporter. Vos prières sont les bienvenues ; certaines âmes en ont besoin.

Ton ange aimerait te dire...

« Tu deviens de plus en plus consciente, et je t'en félicite. Cependant, cela t'amène à faire des choix différents et des changements dans ta vie. Une fois que tu es éveillée, tu peux difficilement te rendormir. J'appelle cela des éveils de conscience, et ceux-ci te guident vers le but ultime de ta venue sur terre.

Lors de ces éveils de conscience, tu sens des changements à l'intérieur de toi. C'est tout à fait normal, car ton âme est en train de célébrer. Tu ne peux plus ignorer tes émotions, tes ressentis. Tes intuitions deviennent de plus en plus claires et tu peux leur faire confiance.

Tu es aussi plus consciente de ma présence à tes côtés ; tu vois mes signes et tu les reconnais. Tu es de plus en plus en équilibre avec ton mental, ton ego, et cela se voit dans ta vie. Plus tu deviendras consciente, plus tout cela se raffinera, plus tu auras de la compassion pour les gens qui gravitent autour de toi, plus tu seras à leur écoute. Les peurs et les doutes s'éloigneront de toi à grande vitesse et tu vivras enfin ce pour quoi tu es venue sur terre. »

Conseil de ton ange gardien : De quoi es-tu plus consciente ces jours-ci ? De ce qu'on te dit ? De ce qu'on essaie de te faire croire ? Au fond de toi, tu as des doutes, tu te poses des questions ? C'est le signe que l'éveil arrive lorsque tu poses des questions à la vie et aux gens qui t'entourent. Lorsque tu cesses de croire sans avoir vécu l'expérience et que tu remets tout en doute, c'est que tu es en période d'éveil.

Tu t'aventures trop loin.

J'aimerais te dire...

« Oui, je viens vers toi pour t'aider. T'aider à comprendre que tu peux y arriver grâce à toi et grâce à tes qualités.

Lorsque le cœur est présent dans les désirs, rien ne peut résister à l'humain. Tu m'as bien compris (rire) ? Rien n'est trop beau ou trop gros. De mon vivant, j'ai fait ce que j'ai pu. J'ai bien essayé de tous vous comprendre (rire).

Tu es bien spécial, toi ! Tu es venu au monde différent, tu avais les yeux ouverts ! Même si j'ai dû chasser le mal autour de toi, tu as bien grandi.

N'ouvre la porte que si tu sais comment t'y prendre pour combattre, s'il le faut. Sinon, il vaut mieux laisser cette porte fermée.

Les images que tu vois ne devraient pas te faire peur, ni t'inquiéter : elles proviennent de toi. Elles ne sont pas toujours prophétiques, mais elles sont là pour te parler à toi.

Un grand homme est sur ta route ; je crois sincèrement qu'il te conseille bien. Apprends à faire confiance. Sois en paix ! »

Quelques explications supplémentaires de Marylène
Cette âme reconnaît que vous possédez un don particulier, celui de pouvoir communiquer avec l'au-delà et communiquer avec votre âme. Elle vous dit de ne pas avoir peur de vos ressentis et de vos visions, qu'ils sont là pour vous aider à mieux vous comprendre. Votre défunte est avec vous et elle vous guide lorsque c'est possible pour elle ; fermez les yeux et ressentez sa présence.

Ton ange aimerait te dire...

« Chaque geste que tu fais, chaque parole que tu dis, fais-le avec ton âme. Tu ne te tromperas jamais, car ton âme est pure. Elle ne demande pas mieux que de s'exprimer à travers toi. Tu es souvent dans ton mental, en combat avec ton ego. C'est tout à fait normal, tu es venue sur terre pour expérimenter cela.

Sache cependant que tu peux faire une place à ton âme pour qu'elle s'exprime. C'est ce que beaucoup de gens appellent la sagesse. Lorsque tu écoutes ton âme, c'est aussi moi que tu écoutes. Bien souvent, nous ne faisons qu'un. J'aimerais que tu saches à quel point tu es forte et courageuse. Même si, par moments, les tempêtes vont déferler dans ta vie, tu as tout ce qu'il faut en toi pour les traverser.

Rien ne me fait plus plaisir que de t'aider, t'encourager et te soutenir. Cette personne qui te perturbe en ce moment, elle est là pour te faire comprendre quelque chose, elle veut t'enseigner une leçon. Elle n'en est pas consciente, car elle est concentrée sur sa personne, sur sa mission, mais elle n'est pas dans ta vie par hasard. »

Conseil de ton ange gardien : Sois consciente de tes paroles et de tes actes. Prends tes responsabilités, car tôt ou tard, tu devras te rendre des comptes, à toi et à toi seule. Ce que pensent les autres n'est pas important. Ils ont leurs propres responsabilités et leur propre bilan à faire, tout comme toi. À partir de maintenant, demande-toi si tu seras fière d'avoir dit ou fait ce que tu dis ou fais aujourd'hui.

Tu as ta chance, saisis-la !

J'aimerais te dire...

« Allô, ma fille chérie, j'ai encore bien de la *misère* (difficulté) à parler (soupir). C'est long et difficile, mais ça en vaut la peine. Tout est beau ici. Je me sens bien et apprécié. Mes efforts comptent enfin.

Merci pour ton amour, ton dévouement. On était une drôle de famille (rire), mais on était là. Je ne veux pas t'embêter avec mes états d'âme, c'est le cas de le dire (rire) ! Je te rassure, je vais bien. J'ai juste plusieurs choses encore à comprendre.

Je t'admire, toi, j'admire ton courage. Tu veux vivre et tu es belle à voir. Je suis vraiment fier de toi et de ce que tu fais. Pour toi, pour la famille et les autres.

Oui, je suis avec toi à différents moments. Je dois te dire que je ne me préoccupe pas des petits problèmes de votre vie de tous les jours. Seulement des gros (rire) !

Ça demande de l'énergie, mais j'y crois de plus en plus. Merci de me faire confiance et de me parler avec franchise comme tu le fais ; ça m'aide à continuer.

Encore merci d'avoir croisé ma route, j'espère bien te revoir un jour, ma belle ! »

Quelques explications supplémentaires de Marylène
Même si ce défunt vous dit que tout va bien, c'est vrai, il a encore besoin de vos prières. Il n'a pas fini d'évoluer dans sa lumière. Ça ne l'empêche pas d'être présent lorsque vous le lui demandez ; cependant, il est limité par ses énergies. Je vous suggère de lui parler, de faire des prières pour lui, d'allumer des chandelles pour lui, et de plutôt demander l'aide de votre ange gardien pendant quelque temps.

Ton ange aimerait te dire...

« Je suis content de voir que tu souhaites passer à l'action. Tu ne sais pas encore comment agir, ou tu manques d'informations. Bien, je vais placer sur ta route des personnes qui pourront t'aider à terminer ce projet. Dès que tu sais où tu veux aller, ce que tu veux faire, je suis là, et plusieurs guides de lumière sont aussi présents pour t'aider à atteindre tes objectifs.

La nuit est le meilleur moment pour recevoir nos enseignements, pour « pratiquer » les conséquences de tes choix. Tu sais, quand tu as l'impression d'avoir déjà vécu une situation, eh bien, c'est parce que tu l'as déjà « pratiquée » avec moi pendant tes rêves. Les rêves sont précieux ; ils sont remplis de messages, de solutions et d'expériences.

Sais-tu que les expériences que tu vis en rêves, tu les accumules, et qu'elles comptent comme si tu les avais vécues pour vrai, dans ta réalité d'éveil ? Oui, tu le sais, et ce que tu vis la nuit fait partie de ton bagage d'âme. Plus tu es attentive à tes rêves, plus tes choix de vie seront éclairés. Viens me rejoindre ce soir, sois consciente et souviens-toi de tes rêves. »

> *Exercice : Aie toujours un carnet et un crayon sur ta table de chevet. Avant de dormir, écris sur une page* Je suis consciente de rencontrer mon ange gardien dans mes rêves et je me souviens de mes rêves. *Laisse ton carnet ouvert à cette page, et endors-toi. Au matin, dès ton réveil, la première chose que tu fais est de te souvenir de ta nuit et de prendre des notes dans ton carnet.*

J'aimerais te dire...

« Bonjour, ma belle fille. Oui, nous avons fait ce que nous devions faire. Tout va très bien, ne t'inquiète pas.

Tu es belle (rire) ! Plus que dans mes souvenirs ! On ne se rappelle les choses que grâce à nos perceptions. À moins d'avoir vraiment quelque chose à comprendre (rire).

J'ai essayé de te joindre au téléphone souvent, mais tu ne répondais pas (rire) ! Il faut croire que je devais utiliser une autre méthode pour te parler. Lorsque j'ai essayé, je crois t'avoir traumatisée (rire). Je me suis reprise, depuis le temps !

On est avec vous, qu'est-ce que tu penses ! On veille sur vous comme on peut. Qui, crois-tu, te donne des petits coups de pied au derrière quand tu as le goût de tout laisser tomber (rire) ? C'est moi !

Oui, on voit tout ce que tu fais pour cheminer dans ta vie, et c'est beau. Tu es de plus en plus ouverte. En attendant que les autres puissent le faire, je suis avec toi et, si tu as besoin d'aide, je peux être là pour toi. Tu n'as qu'à le demander ! »

Quelques explications supplémentaires de Marylène

Votre défunte tient à vous expliquer comment se passent les choses pour elle dans l'au-delà. Elle s'est déjà manifestée d'une façon qui vous a fait peur et elle tient à vous rassurer. Elle est consciente des efforts que vous faites dans votre vie et elle vous apporte son soutien. Elle vous envoie de l'énergie et des encouragements lorsque vous en avez besoin. Elle a beaucoup d'amour pour vous.

Ton ange aimerait te dire...

« Souvent, tu seras blessée dans ta vie. Blessée par les paroles de ton entourage, blessée par des situations. Tu vivras des injustices, tu perdras confiance. Toutes ces difficultés te rendront plus forte, si tu les surmontes. Ou bien, elles te feront perdre tes énergies, ton taux vibratoire descendra et tu ne voudras plus continuer...

Les êtres humains sont venus expérimenter chacun de leur côté, mais les conséquences de ces expériences affectent la vie de tous les autres. Tu n'es pas différentes ; toi aussi, tu influences la vie des autres par tes choix et tes décisions.

Je ne te dis pas d'oublier ces peines et ce que tu as ressenti, je te dis de tourner la page et de passer à autre chose. Tu ne peux changer le passé, ce qui a été dit ou ce qui a été fait ; il te faut vivre avec ces conséquences. Cependant, quand tu lèves la tête, tu peux voir qu'il y a tout plein de belles choses qui t'attendent, que de plus en plus de gens cherchent à faire le bien autour d'eux. Je te conduirai vers ces personnes dès que tu te relèveras. »

Conseil de ton ange gardien : Il ne sert à rien de s'apitoyer sur ton sort, de ruminer les événements du passé. Cela demande trop d'énergie, une énergie que tu pourrais utiliser pour faire le bien autour de toi. Car faire le bien autour de toi t'aide à te sentir mieux et cela équilibre tes énergies. Cela aide à te rendre heureuse. C'est ce que tu souhaites par-dessus tout, non ?

Ne demande pas ce que tu n'es pas prêt à donner.

J'aimerais te dire...

« Salut, mon gars ! Certainement que je vais bien ! Ma famille me manque. Je pense souvent à vous. On n'oublie pas ceux qu'on aime et ceux qui nous ont marqués.

Tu as eu besoin de moi, je le sais. Tout ce que j'ai pu faire, c'est t'envoyer de l'énergie et prier pour toi. Eh oui, prier (rire) !

Si tu savais comme c'est important ! On rit bien, mais c'est fou le pouvoir que cela peut avoir. Je tiens à te dire que oui, je t'entends. Il ne faut pas que tu doutes, sinon, c'est là que ça épuise les énergies pour rien.

Oui, on fait ça souvent, s'asseoir dans la voiture avec toi. On est plusieurs à le faire, parce que c'est dans cet endroit que vous êtes le plus réceptifs. En tout cas, toi, c'est là que tu l'es !

Les erreurs, ce n'est pas grave, ça fait partie des expériences de la vie. Ce qui est important, c'est que tu reconnaisses tes torts et que tu essaies de réparer. Apprends à demander pardon, tu vas voir, tu vas *feeler* (te sentir) beaucoup mieux après ! »

Quelques explications supplémentaires de Marylène
Votre défunt vient surtout vous dire de prier. De prier dans vos mots, avec votre cœur. C'est de cette façon que nous envoyons de l'énergie à nos défunts et qu'eux peuvent nous en transmettre. Il vous dit aussi qu'un des endroits où il vous est plus facile de communiquer avec eux, c'est dans votre voiture. Je vous suggère donc de vous recueillir dans votre voiture pour parler avec vos défunts et leur demander leur aide.

Ton ange aimerait te dire...

« Regarde autour de toi les personnes que tu fréquentes : est-ce qu'elles élèvent tes énergies ou, au contraire, est-ce qu'elles les abaissent ? Je te guide vers des personnes pour que tu apprennes des leçons. Une fois qu'elles sont apprises, tu dois poursuivre ton chemin. Alors, pourquoi rester auprès de personnes qui te font de la peine, qui te rabaissent et qui ne t'aident pas ?

Lorsque tu es entourée des bonnes personnes, tout coule. Tu souris, tu es heureuse, tu as de l'énergie, des projets ; tu es même prête à déplacer des montagnes. Ne voudrais-tu pas toujours te sentir comme ça ? C'est possible, tu sais. En choisissant les gens qui sont dans ta vie.

Je crois savoir que tu trouves difficile de te séparer de certaines personnes. Tu crois qu'elles te sont indispensables ou que tu ne peux leur tourner le dos. Je suis patient, je peux attendre que tu réalises que personne n'est indispensable à la vie d'un autre. Et quand tu seras prête, je pourrai te guider vers ce qu'il y a de mieux pour toi. Aie confiance en moi, je suis avec toi, quoi que tu choisisses. »

Exercice : Prends le temps d'analyser tes relations actuelles. Passe en revue tes rapports avec chacune des personnes que tu fréquentes, à commencer par celles qui habitent avec toi, celles avec qui tu travailles. Tes amis, tes connaissances, les membres de ta famille... Est-ce que ces gens t'apportent de l'énergie, des encouragements, ou te sens-tu fatiguée, voire épuisée, après les avoir rencontrés ? Je peux t'aider à te libérer de ces relations ; tu n'as qu'à me le demander.

J'aimerais te dire...

« Je serais venue avant, mais il y a bien du trafic dans son bureau (celui de la médium). On est plusieurs à attendre de vous parler. C'est chacun notre tour. Je vais vous dire de ne pas vous décourager pour vos messages (rire).

Nous aussi, on essaie tout pour vous faire comprendre qu'on est là. Merci mon amie, ma *chum* de sœur (rire). Oui, c'est vrai, tout ce qu'on dit sur ça (mort). C'est doux, c'est léger et ça fait du bien.

La prise de conscience : ouch ! Elle fait mal, celle-là. Réaliser que tu viens de tout perdre !

Désolée si je ne t'ai pas attendue. Tu restes toujours aussi importante pour moi. Ce n'est pas la mort qui va nous séparer ! Tu m'entends ?

Les oiseaux, les papillons... Utilise ces symboles, ils sont pour toi. Non, c'est vrai, je ne comprends pas tout. Il y a bien des affaires qu'on croit sur la terre qui n'ont pas de sens. On s'en reparlera quand tu viendras ici.

Ah, je voulais te dire : non, je ne suis pas toujours disponible pour jaser. Je viens vers toi quand je peux (rire). Je t'aime, toi ! »

Quelques explications supplémentaires de Marylène

Cette âme tente de vous faire comprendre le fonctionnement des messages et la façon dont les défunts procèdent pour se manifester aux vivants. Elle va bien et elle veut que vous sachiez qu'elle garde contact avec vous, malgré la séparation causée par son décès. Elle vous entend, mais elle ne peut pas toujours vous répondre ; elle doit aussi continuer d'évoluer là où elle est désormais.

Ton ange aimerait te dire...

« L'argent, les biens matériels, le statut social, ce n'est pas cela qui va élever ton âme. Bien sûr, tu es venue expérimenter la terre, et tout cela fait partie des énergies terrestres dont tu dois te servir. Cela ne veut toutefois pas dire que tu dois te mesurer à ces énergies pour savoir si tu as réussi ou non.

Ta mission de vie va bien au-delà des avoirs et des possessions. Le plus important, c'est ce que ton âme apprend sur terre. Quand tu quitteras la terre, les seules choses que tu emporteras avec toi, ce sont tes connaissances et tes expériences. Elles vont te servir pour tes prochaines vies.

Sois heureuse de ce que tu possèdes, sois dans la gratitude d'avoir acquis ces biens et utilise-les le plus souvent possible. C'est là que tu vas te rendre compte que tu n'as pas besoin de plus dans ta vie pour être heureuse. Partage ce que tu as avec les gens. Plus tu donnes, plus tu reçois : c'est là que se trouve la vraie richesse. »

Conseil de ton ange gardien : Tu as des réflexions à faire. Tu en veux toujours plus, tu n'en as jamais assez ? Pourquoi, selon toi ? Qu'est-ce qui te manque vraiment ? Pourtant, tu as tout ce qu'il te faut en ce moment, non ? Dans les prochains jours, je t'invite à te demander, chaque fois que tu voudras acheter quelque chose, si cela t'est vraiment nécessaire, si cela te rendra plus heureuse.

Apprécie ce que tu as.

J'aimerais te dire...

« Bien sûr que je t'entends et que je suis avec toi. Oui, je sais que tu as de la peine et que tu cherches comment faire pour passer au travers. Je vais t'aider, tu peux compter sur moi.

Concentre-toi sur qui tu es. Qui tu es vraiment. Pas sur ce que les autres attendent de toi ! Je te vois et je trouve que tu te retiens trop de dire réellement ce que tu penses. Ose parler de tes émotions !

Je suis présente dans quelques-uns de tes rêves. Je te tiens par la main et je te réconforte. Je veux t'aider à te raccrocher à la vie, surtout quand tu doutes de toi. Je le sais que tu vas réussir parce que tu as le talent et les qualités pour le faire !

J'aimerais te demander de te rapprocher de ta mère (soupir) ; tu as bien des choses à te rappeler de cette relation-là. Tu as des choses à comprendre de cette relation pour mieux vivre et pour comprendre ta relation amoureuse.

Tout ce que je te dis, c'est : vis ta vie, mon garçon, elle est à toi ! Je t'embrasse bien fort et je t'aime ! »

Quelques explications supplémentaires de Marylène

Dans ce message, votre défunte vous dit qu'elle est près de vous, qu'elle sait ce que vous traversez en ce moment dans votre vie. Elle vous suggère d'exprimer vos émotions, de dire ce que vous ressentez vraiment. Elle vous donne une piste de réflexion pour mieux vous comprendre : celle de votre relation avec votre mère. Votre défunte vous aime beaucoup.

Ton ange aimerait te dire...

« Tu peux compter sur moi... et sur toi ! Pas sur les autres. Ils ont eux aussi une mission de vie terrestre et ils doivent tous l'accomplir, tout comme toi. C'est pourquoi je te dis de compter sur moi et sur toi pour parvenir à réussir ta mission de vie. Oui, bien sûr, par moments, des gens bien intentionnés t'aideront ; ce sera des cadeaux.

Lorsque tu laisses les autres décider à ta place, ce n'est pas bien. Ce ne sont pas de vraies leçons que tu apprends. Tu devras recommencer dans ta prochaine vie les mêmes étapes, les mêmes tourments. Ce n'est pas ce que tu veux, n'est-ce pas ? C'est bien ce que je pensais. Alors, il ne faut pas attendre que les autres décident à ta place ou fassent les choses à ta place. Il te faut prendre les devants et assumer tes responsabilités.

Comment te sens-tu une fois que tes tâches sont accomplies ? Tu te sens bien, libre et heureuse ? Es-tu fière de toi et de ce que tu as fait ? Voilà où je veux t'emmener. Je veux te faire réaliser que lorsque tu fais les choses par toi-même, sans attendre des autres, tu es toujours plus heureuse et contente. »

Conseil de ton ange gardien : Personne ne te connaît autant que toi et moi. Alors, pourquoi remettre ton sort entre les mains d'une autre personne ? Attendre des autres, c'est à coup sûr vivre des déceptions, des injustices et des problèmes. Partager avec les autres, c'est beaucoup mieux et plus équilibré. À toi maintenant de savoir si tu désires partager ou attendre des autres.

J'aimerais te dire...

« Non, ce n'est pas toujours facile, la vie. Je le sais, moi. Tu as encore beaucoup de peine de ce qui est arrivé. Je te demande pardon. Maintenant, j'ai compris. J'ai compris pourquoi c'est arrivé.

Je voulais vraiment aller plus loin avec toi. Je voulais t'offrir cette maison. J'aurais voulu que tu sois bien tout le temps.

Pardon. Pardon de te faire manquer tout ça avec moi. Malgré ta peine quand tu penses à moi, je peux te voir heureuse et j'en suis content.

Je me suis longtemps demandé ce que j'avais fait de mal. J'ai compris. Je n'ai pas fait de mal ; j'étais ignorant et inconscient de mon âme, et des expériences qu'elle était censée faire.

Il est beau, le petit bébé ! Il faut en prendre soin (rire). Je m'ennuie de toi, de nous et de tout le monde. Je ne voulais pas vous tourner le dos. Merci pour ce que vous avez fait pour moi. Et encore aujourd'hui, quand vous parlez de moi, ça me réchauffe.

Je t'aime, crois-moi ! »

Quelques explications supplémentaires de Marylène

Ce défunt est dans son cheminement spirituel. Il observe la vie qu'il avait sur terre. Il tient absolument à vous demander pardon. Dans sa perception, il doit le faire. Il réalise que lorsque nous sommes sur terre, nous n'avons pas toujours conscience de notre mission. Il le voit lorsque vous ressentez du bonheur, et cela lui fait beaucoup de bien. Continuez de partager vos joies avec lui. »

Ton ange aimerait te dire...

« Tu crois que rester là, à ne rien faire, va changer quelque chose ? Tu crois que la situation va se régler toute seule ? Je t'annonce que tu ne seras pas satisfaite du résultat. Tu vas crier tout à l'heure ! Si tu laisses la vie décider pour toi, ce n'est pas certain qu'elle va choisir ce qui est le mieux pour toi. Elle va te servir les restes de ceux qui ont pris tout ce qui était bon parce qu'ils sont passés à l'action !

Je t'invite à ton tour à passer à l'action. Depuis quelque temps déjà, je t'envoie des signes pour te dire d'avancer, de bouger, mais tu ne les vois pas. Je ne te blâme pas, ni ne te juge, car grâce à ce message, je peux mieux m'exprimer et me faire comprendre de toi. Il n'y a pas de mauvaise décision, n'aie pas peur. Peu importe ce que tu choisiras, cela vaut mieux que de rester assise à attendre.

Tu as tout ce qu'il faut en toi pour avancer, pour modifier la situation actuelle. Fais-toi confiance. Demande-toi ce que tu veux réellement, au fond de toi. Tout est possible à celui qui veut vraiment. Et le plus beau dans tout cela, c'est que tu n'es pas seule ; je suis avec toi pour affronter ces changements. Tu es capable ! »

Exercice : Observe ta situation actuelle et imagine le pire scénario qui pourrait survenir. Imagine la pire des décisions que tu pourrais prendre et ses conséquences. Ensuite, imagine la meilleure décision que tu pourrais prendre et vois-en les effets. Quel scénario aimes-tu ? Maintenant, fais un pas à la fois pour accomplir ce scénario.

J'aimerais te dire...

« C'est moi qui désire te parler. Je n'ai pas besoin que ta mère me pousse vers toi. Non ! Je suis venu te dire que ça m'a fait du bien de mourir. Je veux dire de décrocher de la vie. Je ne me souviens plus à quoi je me tenais. Ce n'est plus important.

Si je te dis ça, c'est que ça pourrait te servir, mon garçon ! Ne t'accroche pas aux chimères. C'est bien d'avoir de l'ambition, mais n'exagère pas (rire) ! Il faut que tu apprennes à être fier de toi, de tout ce que tu as fait et donné à ta famille. Tu as aimé des gens qui n'étaient pas de ton sang tout comme s'ils l'avaient été. Je suis fier d'être ton père, d'être celui que tu as choisi (rire). Oui, attends d'être rendu ici pour comprendre tout ça (rire) !

Merci d'avoir pris soin de moi, de mes affaires. Tu peux me parler, je peux t'entendre. Je peux t'écouter, mais je ne peux que te conseiller de passer par ton cœur (âme) pour prendre tes décisions. Je te sens à la croisée des chemins ; moi, j'ai passé tout droit (rire) ! J'ai des regrets, des tout petits regrets, alors ne fais pas comme moi !

Profite de la vie ! »

Quelques explications supplémentaires de Marylène
Votre défunt est content que vous preniez ce livre pour obtenir son message, c'est lui qui vous a guidé en ce sens. Il est fier de vous et il veut que vous appreniez à vous regarder et à reconnaître vos qualités. Il voit mieux qui vous êtes réellement et il souhaite vous en faire part. Il vous explique qu'il peut parfois vous guider, lorsqu'il en a la possibilité.

Ton ange aimerait te dire...

« Avance avec confiance, je suis derrière toi pour veiller sur toi. Je veille à ce que tes choix et tes décisions te conduisent toujours vers l'accomplissement de ta mission. Parfois, je te laisse dériver un peu, car je sais que malgré tout, tu es sur la bonne voie. C'est à toi de savoir si tu veux évoluer en longeant une belle longue route paisible ou si tu préfères les bas-côtés remplis de cailloux.

Comment savoir si tu prends le bon chemin ? C'est simple : tu t'y trouves lorsque tout devient facile et clair pour toi. Quand tu es spontanée, quand tu ris, quand tu rêves à un monde meilleur, c'est à ce moment que tu sais que tu es sur le bon chemin.

Ouvre tes yeux. Parfois, je sème des signes sur ton chemin, comme lorsque tu trouves des pièces de monnaie ou des plumes, ou encore lorsque tu vois des heures miroirs. Oui, c'est bien moi qui te fais voir ces objets, ces signes ; cela veut dire que tu es sur la bonne voie et que tu dois continuer. Je serai toujours là pour te guider et te dire si tu es bien dans l'accomplissement de ta mission de vie. »

Conseil de ton ange gardien: Je te suggère d'observer ta vie actuelle. As-tu l'impression d'être à la bonne place ? Trouves-tu ta vie simple, et vois-tu clairement où tu t'en vas ? Si tu me réponds oui, on continue tout simplement à accueillir les cadeaux de la vie. Si tu me réponds non, alors tu dois faire les changements qui s'imposent pour rendre ta vie plus simple.

Oui, tu passeras au travers.

J'aimerais te dire…

« Allô ! Ça a pris du temps avant que je me *garroche* sur toi (que je vienne à ta rencontre) (rire) ! Tu le sais que je ne voulais pas mourir. Regarde ce qu'ils ont fait avec moi. Ça n'a pas de bon sens (rire) !

Non, sans farce, maintenant, je vais bien, même si c'est encore difficile par moments. Surtout pendant les réunions familiales ou quand y a un petit nouveau qui arrive dans la famille. Je m'habitue !

Tu me manques, je ne pensais pas dire ça un jour. Surtout pas comme ça, mais oui, tu me manques réellement. Nos fous rires me manquent énormément. Je m'ennuie d'aller au restaurant avec toi. Je m'ennuie de manger tout court (rire) !

Tu as beaucoup de questions, je le sais. Sur ton père et ta mère… Ils vont bien. Tu continues de veiller sur ton monde, tu es incroyable ! Merci d'avoir été dans ma vie. Tu m'as beaucoup donné. Tu m'as aidée à voir clair dans mes affaires, et grâce à toi, j'ai su prendre les bonnes décisions.

Mais c'est triste qu'on n'ait pas eu le temps de faire tout ce qu'on voulait. Il va falloir revenir ensemble, encore une fois (rire). Salut ! »

Quelques explications supplémentaires de Marylène
Cette défunte a beaucoup d'énergie ! Elle va bien et elle avance dans sa lumière. Bien sûr, certaines choses lui manquent ; elle les exprime très bien. Elle est heureuse de pouvoir vous dire que vous comptez beaucoup pour elle, que vous êtes une personne importante. Elle vous parle de ses regrets, de ce qu'elle aurait voulu avoir le temps de faire avec vous. Continuez de lui parler et de prier pour elle, ça lui fait du bien.

Ton ange aimerait te dire...

« Tout ce que je veux, c'est que tu sois heureuse, que tu sois bien dans ta tête et dans ton cœur. Je ne te pousserai jamais dans une direction si tu n'es pas prête. Au contraire, si tu savais le nombre de souffrances et d'accidents que je t'ai évités ! Tu verras tout ça lorsque tu seras arrivée dans l'au-delà, et on pourra en rire ensemble. Mais en attendant... tu es toujours vivante et tu as besoin de moi.

Il t'arrive de penser que tu es seule et incomprise ; ce n'est pas vrai, car je suis toujours à tes côtés. Si tu ne vois plus clair en ce moment, tourne-toi vers moi, je saurai te guider. Fais-moi confiance et fais-toi confiance. Je ne peux faire les choses à ta place ; cependant, je peux te souffler à l'oreille les directives pour que tu réussisses.

Tu dois apprendre à lâcher prise sur les situations et sur les gens. Ta vie ne dépend pas d'eux, elle dépend de toi et de tes choix. Je sais, je te le dis souvent, mais c'est la réalité. Tu es unique, tu es seule dans ce corps physique, et tu m'as, moi, dans tes énergies. Nous formons une super équipe, rien ne peut nous arrêter. Allons réaliser ta mission de vie ! »

Conseil de ton ange gardien : Sois claire dans tes demandes à l'Univers. Ce que tu veux réellement atteindre dans ta vie est accessible. Tu peux rencontrer des obstacles, mais cela ne veut pas dire que tu doives changer de chemin radicalement. Cela veut dire que tu dois régler ces obstacles pour les éliminer de ta route et atteindre ton but.

Souviens-toi du passé.

J'aimerais te dire...

« C'est vrai qu'on ne sait pas quand on va partir ! Et puis, quand c'est fait, c'est impossible de revenir en arrière, vraiment impossible. Tu vois, j'ai essayé, c'est pour ça que je te le dis.

Bien oui, je suis encore avec vous autres, j'en ai besoin (rire). Je suis contente de voir que je te manque. Ça me fait du bien de le savoir. Je n'en doutais pas, mais ça fait plaisir quand même (rire) !

On a eu du bon temps ensemble. Je suis désolée d'avoir eu la tête dure, mais qu'est-ce que tu veux, j'étais faite de même (rire) ! Tu ne retiens pas des voisins. J'ai gardé de bons souvenirs de notre relation à toutes les deux.

Je te lève mon chapeau. J'ai eu le temps de voir tout le chemin que tu as parcouru depuis mon départ. Je te dis qu'il n'y en a pas gros (qu'il y a peu de gens) qui auraient réussi ce que tu fais.

Je viens te parler dans tes rêves, c'est beaucoup plus facile pour moi. Tu me manques, c'est vrai, mais finalement, je suis très bien où je suis arrivée, ici ! »

Quelques explications supplémentaires de Marylène

Je vous suggère de faire des prières pour votre défunte, elle en a encore besoin. Elle avance dans sa lumière, mais il y a encore beaucoup de choses qui la retiennent ici, sur la terre. Il est temps qu'elle chemine pour elle, pour sa propre évolution. Vous pouvez l'aider en lui parlant dans vos mots et avec votre cœur. Elle a besoin d'être apaisée.

Ton ange aimerait te dire...

« Tu réalises depuis quelque temps que certaines choses sont plus faciles pour toi ? Pas tout, je te l'accorde, il faut toujours avoir un peu de travail à faire. Mais dans l'ensemble, ne trouves-tu pas que tu mérites d'être félicitée ? Je suis fier de toi, tu es de plus en plus à l'écoute de ta petite voix intérieure.

Tu fais des choix plus éclairés, ton corps physique s'en ressent, tes émotions et ton moral aussi. Il y a longtemps que je ne t'ai pas vue être aussi bien. Mets de côté les problèmes et les soucis ; de façon générale, tu mérites une belle récompense pour tout ce que tu as atteint dans ta vie.

Alors, je veux que tu fasses quelque chose rien que pour toi. Que tu te donnes le droit de prendre un moment seulement pour toi, sans penser à rien, sans rien planifier, une pause juste à toi. Qu'est-ce qui te ferait vraiment plaisir ? Pour ça aussi, je peux te guider vers les meilleurs choix, je peux te conduire vers une oasis de paix et de détente. »

Exercice : Planifie très prochainement une pause à ton agenda, aujourd'hui, demain ou, au plus tard, une journée de cette semaine. Pas la semaine prochaine ou le mois prochain, maintenant, à court terme. Choisis une activité, un endroit ; imagine-toi déjà en train de te détendre... Maintenant, laisse-moi t'amener à actualiser cette visualisation pour qu'elle devienne bien réelle.

Tu vas réussir, c'est indéniable.

J'aimerais te dire…

« Ça va bien, mon fils. Tu n'as pas à t'inquiéter; ce n'est pas la mort qui va avoir raison de moi et qui va m'empêcher d'être avec toi.

Une chose à la fois. Prends le temps de connaître ta peine, de l'apprivoiser. Je vais être avec toi pour t'aider. Les épreuves nous rendent plus forts. Tu es un bonhomme courageux.

Tu es passé dans ma vie comme une tornade (rire). Tu m'as fait du bien. Je te remercie. Tu es fort et tu es persévérant, j'aimerais que tu continues.

Tu fais attention à toi et à ceux qui t'entourent, j'aime ça. C'est tout toi ! Oui, j'aurais voulu rester auprès de vous, mais ils ont besoin de moi maintenant. Je commence une autre mission.

Je suis fier de toi et de te voir accomplir ta mission de vie. Ne baisse pas les bras, même si parfois, tu le voudrais. Tu vas voir, ici, tu vas en recevoir des récompenses.

Merci d'avoir appris de moi, d'avoir conservé les belles choses que je t'ai apprises, ça fait plaisir à voir. Merci d'être venu me parler. »

Quelques explications supplémentaires de Marylène

Dans ce message, votre défunt veut que vous compreniez que la mort est seulement une séparation physique, que ce qui vous relie n'est pas terminé. La nouvelle mission de votre défunt est d'observer sa vie et ce qu'il a accompli sur terre, ce qui ne l'empêche pas d'être présent lorsque vous en avez besoin. Il est très fier de vous et il veut que vous poursuiviez sur la bonne voie.

Ton ange aimerait te dire...

« Je t'ai dit à quelques reprises de ne pas compter sur les autres pour accomplir ta mission de vie, c'est bien vrai. Cependant, il peut t'arriver d'avoir besoin des autres pour accomplir une mission sociale, pour faire avancer la société, le monde. Seule, tu peux changer bien des choses, mais à plusieurs, l'impact est encore plus fort.

C'est pourquoi la réponse à ta question va te conduire à te rendre dans une communauté pour y offrir tes services, ton aide ; c'est à cet endroit que tu trouveras les réponses à toutes tes questions actuelles. C'est là que tu comprendras quelles sont les difficultés, que tu seras en équipe pour trouver des solutions à des problèmes ; cela t'inspirera beaucoup pour ta propre vie.

C'est dans ces moments que tout devient clair, que ton âme rayonne et que tu peux avoir de bonnes intuitions. Ces gens ne sont pas différents de toi, en ce sens qu'eux aussi ont une mission de vie à réaliser et qu'ils ont besoin des autres pour la comprendre. Tu n'es pas seule, c'est ce que je veux te montrer. »

> *Exercice : Consulte ton journal local et tu y verras certaines organisations et communautés de gens qui œuvrent pour faire avancer les choses. Va voir de quoi il retourne. Si tu te sens interpellée, c'est que tu es au bon endroit pour partager ton vécu et tes connaissances, c'est que tu peux aider ces gens. Inscris-toi à différentes activités bénévoles, tu seras gagnante, c'est certain.*

Croise les doigts, c'est presque réussi.

J'aimerais te dire…

« Salut, mon gars ! Mon fils ! Je suis avec toi, je ne te lâche pas, je ne t'abandonne pas. Je vais toujours être ton père, peu importe ce qui arrive.

Il va toujours y avoir de bonnes personnes avec toi, j'en suis convaincu. Je vais parfois passer par elles pour te dire combien je t'aime. Tu es ma joie et ma fierté, ne l'oublie pas !

Tout ce qui est arrivé, ce n'est la faute de personne. Un jour, il y a des choses que tu vas comprendre. Ce ne sera pas toujours facile, mais tu vas y arriver. Je le sais.

Tu es venu dans ma vie comme un rayon de soleil, une bouffée d'air frais. Je regrette de ne pas pouvoir t'accompagner physiquement dans cette vie, mais sache que je vais y être d'une autre façon.

Prends soin de ta mère quand tu pourras. Elle prend soin de toi comme elle peut. Je veux que tu la respectes tout au long de ta vie. Tu auras le droit de ne pas être d'accord avec elle (rire), mais respecte-la !

Tu n'es pas seul. Il y a les plus grands autour de toi que j'embrasse bien fort et que je continue d'aimer, malgré tout ! »

Quelques explications supplémentaires de Marylène

Cette âme veut que vous compreniez qu'elle est auprès de vous, peu importe les situations. Bien que son décès puisse avoir causé un grand vide dans votre vie, elle est heureuse de vous avoir côtoyé. Elle vous demande de prendre soin d'une autre personne qui est importante dans votre vie. Et peu importe le temps qui passe sur terre, cette âme vous attendra pour vous retrouver de l'autre côté.

Ton ange aimerait te dire...

«Par ce message, je viens te dire de prendre ta vie en main. Je connais ton potentiel et je sais que tu es capable d'accomplir de belles et grandes choses. Ce que tu fais, tu le fais bien, même si tu n'es pas toujours satisfaite. Je t'entends lorsque tu te dénigres, mais je te le dis: ce que tu fais, tu le fais au meilleur de toi-même.

Tu as assez de courage et de force pour aller jusqu'au bout de tes idées. En ce moment, tout ce qu'il te manque, c'est de prendre confiance en toi, de poser des gestes en lien direct avec tes rêves, avec tes buts. Alors, je suis venu te dire d'y aller, de foncer; te dire que je suis derrière toi et que je t'aide à devenir heureuse.

La vie, c'est un peu comme un casse-tête. Tu as tous les morceaux, il ne te reste qu'à exercer ta patience pour les mettre tous en place et terminer ta belle image. Prends le temps de t'arrêter et de réfléchir à ce que je viens de te dire. Tu me demandes ce que j'en pense, ce que je te dis: prends soin de toi, aie confiance en toi!»

Conseil de ton ange gardien: Personne d'autre que toi ne peut faire les choses à ta place, même pas moi, ton ange. Plus vite tu passeras à l'action, plus rapidement tu verras les résultats de tes efforts, plus facile cela deviendra de prendre confiance en toi. Mais il faut commencer quelque part... Alors, tu commences maintenant?

Tu dois faire confiance à la vie.

J'aimerais te dire…

« Bonjour, ma belle fille ! Je suis tellement contente de te parler en vrai (rire) ! Tu arrives parfois à sentir ma présence à tes côtés. C'est magnifique !

Tu grandis, ça n'a pas de bon sens. Et bien, en plus ! Oui, je te vois et je vois ce que tu deviens. Je suis pas mal fière de toi.

Quand tu étais jeune, tu as subi beaucoup de pression, et toi-même, tu étais perfectionniste.

J'ai toujours su que grâce à ça, tu réussirais. Tu es une battante. Oui, j'ai vu les changements dans ta vie ; tu les mérites et tu te débrouilles très bien. On ne t'a pas choisie pour rien.

Dans mon nouvel Univers, je m'occupe de ton grand-père et de mes roses. Elles sont importantes pour moi parce que je les associe à vous tous. Chacune est différente.

Tu seras toujours dans mon cœur, je ne t'oublie pas. Tu as raison, la musique te parle, écoute-la bien. Je voulais te dire aussi que ton ange gardien est là pour t'aider, que tu peux lui faire confiance.

Merci de partager tes joies et tes peines avec moi. Je serai toujours là pour toi, jeune fille (rire) ! »

Quelques explications supplémentaires de Marylène

Votre défunte vous voit et elle voit ce que vous dégagez. Elle n'a plus ses yeux physiques, alors c'est grâce à votre énergie qu'elle peut percevoir vos changements et vos réussites. De son côté, elle dit s'occuper de ses roses. Je vous invite à observer le parfum des fleurs que vous respirez, ou à être attentive lorsqu'on vous offre des roses ; c'est une manifestation de votre défunte.

Ton ange aimerait te dire...

« Qu'est-ce que tu attends pour exprimer tes idées ? Pour les mettre en œuvre ? Moi, je les trouve vraiment formidables. Tu as la tête pleine de beaux projets qui peuvent se réaliser, car ce que tu penses existe quelque part comme une vérité. Ne te décourage pas face aux obstacles, c'est tout à fait normal.

Donner la forme à ce qu'il y a dans ta tête en ce moment peut te paraître difficile, voire impossible, sauf que tu as tout ce dont tu as besoin en toi pour réaliser tes idées. Et je suis là, à tes côtés, pour t'y aider. Il faut commencer par faire les premiers gestes, les premiers pas, par rencontrer les bonnes personnes, écouter leurs conseils. C'est comme cela que tu pourras concrétiser ce qui trotte dans ta tête.

Dans le passé, tu as accompli de belles choses. Je suis fier de toi et bien des gens sont fiers aussi. À ta façon, tu les as aidés à devenir de meilleures personnes. Ton idée, même si elle est personnelle, aidera à nouveau les gens autour de toi. Je veux te rassurer, ces idées ne remontent pas de l'intérieur de toi pour rien : elles sont là parce qu'elles peuvent exister réellement. »

Exercice : Lorsque tu as des idées, des inspirations ou des intuitions, prends le temps de les écrire dans un petit cahier. Après un temps, tu verras que certaines idées viennent compléter celles que tu as déjà écrites. C'est comme ça que tu peux trouver les solutions pour les réaliser.

La réponse est sous tes yeux.

J'aimerais te dire…

« Salut, toi ! J'ai pris du temps, excuse-moi. Je voulais te dire que je suis bien content d'être là. Là, à côté de toi, pendant que tu reçois ce message.

Il en est arrivé des choses, hein ? Pas toujours drôles, mais chaque fois, on a passé au travers, n'est-ce pas ?

Les prières, les fais-tu, tes prières ? Si tu savais à quel point ça aide et ça fait du bien ! Sois toujours égale à toi-même, ne laisse pas les autres te dicter ta conduite. Tu es bien assez grande pour faire les choses par toi-même. Quoi qu'il arrive, tu seras toujours ma grande fille !

Je viens vers toi, ne t'inquiète pas. Tu n'es pas obligée de le demander, ça se fait tout seul. Dès que je te sens vibrer, je me joins à toi et je ne suis pas tout seul (rire) ; non, nous sommes plusieurs.

Je veux que tu prennes le temps d'écouter. D'écouter ton intuition et tes besoins. Tu dois faire attention à toi, et surtout, respecter ton corps physique ; c'est important pour continuer d'accomplir ta mission.

Papa t'aime ! »

Quelques explications supplémentaires de Marylène

Votre défunt est bien dans sa lumière ; il évolue à son rythme. Il a conscience de son vécu sur terre, il a cheminé et a compris ses expériences terrestres. Il vous conseille de faire les choses comme vous l'entendez et d'être vous-même. Il vous demande d'écouter davantage votre petite voix intérieure, car elle vous fait faire de bons choix, et c'est à votre avantage.

Ton ange aimerait te dire...

«Il est vrai que la vie peut parfois prendre des couleurs sombres. J'aimerais te dire que la vie est belle, que tout est facile, mais ce n'est pas toujours le cas. Sur ton chemin, tu peux rencontrer des embûches, des obstacles, même si tu es sur la bonne voie. Car les pépins sur ta route ne veulent pas dire que tu dois rebrousser chemin ou que tu ne vas pas dans la bonne direction.

Au contraire, cela signifie qu'il te faut démontrer de la patience et de la persévérance pour continuer d'avancer sur ton chemin. Ta volonté d'y arriver t'aidera à surmonter les difficultés. Alors, si tu as l'impression ces derniers temps de tourner en rond, que la vie a des couleurs ternes ou sombres, dis-toi que c'est temporaire.

Quand cette situation prendra fin, tu seras fière de toi, fière d'être passée au travers en ayant gardé la tête haute et en restant confiante. Je viens te dire de ne pas te décourager et que, si tu en as besoin, tu peux te confier à moi; je suis là pour toi.»

Conseil de ton ange gardien: Je ne peux empêcher tes idées noires d'envahir ta tête ni éliminer les émotions négatives qui remontent dans ta gorge; c'est toi qui dois apprendre à les maîtriser. Je peux en revanche t'aider à clarifier tes idées si tu me donnes la possibilité de te montrer des images beaucoup plus positives.

J'aimerais te dire...

« Salut ! Oui, je tenais à venir te parler. Je viens tous vous voir pour vous dire de continuer de croire en la vie après la mort. Vos parents vont bien. On s'est tous revus.

Moi, en tout cas, je suis arrivé un peu trop vite (rire), mais on est tous bien contents de se voir, de se retrouver. Ça ne s'est pas fait tout de suite pour moi. Il a fallu que je comprenne. Maintenant, ça va.

Oui, il faut faire les choses correctement, mais il faut aussi s'informer. N'aie pas peur de demander des choses aux gens qui t'entourent. À ton ange, surtout. Tu ne le fais pas assez travailler (rire) !

Bien sûr que je m'ennuie de ma famille, de mes *chums* (amis) aussi ! J'aurais voulu avoir le temps de terminer ce que j'avais commencé, mais je n'ai pas eu le temps.

J'ai beaucoup aimé le *party* (la fête), oui, j'étais là (rire) ! C'était bon de vous voir avoir du *fun* (du plaisir) et de vous entendre rire. Je n'ai pas de regrets. J'ai vécu ce que j'avais à vivre, et je suis fier de moi. Si tu as besoin de quoi que ce soit, je suis venu te dire que tu peux compter sur moi.

Bye, à la prochaine ! »

Quelques explications supplémentaires de Marylène
Ce défunt est bien. Il vous demande de continuer de croire en la vie après la mort ; c'est une façon pour lui de vous dire qu'il a hâte de vous y retrouver. Il vous conseille de demander de l'aide lorsque c'est nécessaire, de mettre votre ego de côté et de demander des informations autour de vous. Votre défunt vous accompagne lorsque vous vous amusez ; vous voir avoir du plaisir le rend heureux, et cela fait monter son taux vibratoire.

Ton ange aimerait te dire...

« Tout est dans l'amour. Tu me demandes de répondre à ta question ? La réponse se trouve dans l'amour. Un geste, une parole fait avec une bonne intention provenant de la plus puissante des émotions t'aidera à réaliser tous tes rêves. Tu as besoin de moi pour te le rappeler, tout simplement.

Tu oublies souvent ce détail, pourtant si important, que l'amour peut faire des miracles. À condition, bien entendu, d'être sincère lorsque tu ressens cette émotion. Vois la situation avec les yeux de l'amour, avec de la compassion ; tu verras que la réponse à tes questions se trouve juste sous ton nez.

Dans toutes les circonstances et toutes les situations, si tu utilises l'amour comme moyen de défense, d'attaque ou de persuasion, tu réussiras, car rien n'est plus fort que cette émotion. Elle sert de lien entre ton âme et le plan terrestre ; les informations circulent directement grâce à cette belle énergie. Alors, maintenant que je te l'ai rappelé, utilise l'amour pour régler ta situation actuelle et pour prendre les bonnes décisions. »

Conseil de ton ange gardien : Cela te semble simplet comme réponse ? Pourtant, si tu appliques mon conseil, tu verras à quel point cela va fonctionner. Cela te calmera et te rassurera. Et ensuite, cela t'aidera à élever tes énergies. En t'élevant, tu verras ce que tu ne percevais pas avant et tu pourras enfin réaliser ce qui est bon pour toi.

Rome ne s'est pas faite en un jour.

J'aimerais te dire...

« Tu mérites autant que les autres de recevoir ce message. Tu fais ton comique pour cacher ta peine, je connais ça (rire). Tu me ressembles. À tel point que parfois, je me demande si je ne revis pas sur terre (rire) !

Je ne suis pas toujours d'accord avec tes choix, mais c'est normal, c'est ta vie. Tu penses que ça aurait été différent si j'avais encore été là avec vous ? Peut-être, mais ta mère a réussi tout un exploit avec chacun d'entre vous. Je te remercie de l'avoir aidée. À ce propos, je n'ai pas de reproches à te faire. Tu l'as aidée à ta façon.

Maintenant, je suis heureux de voir que tu comprends parce que tu es grand. Tu vis des choses que je n'ai même pas eu le temps de vivre sur terre !

Je vous aide tous à ma façon, d'où je suis. Non, je ne vous laisse pas tomber. La famille, c'est précieux, il faut en prendre soin. Tu es sensible, tu peux comprendre ce que je te dis. Tu es différent et tu assumes ta personnalité, alors je te dis bravo et je te souhaite de continuer !

Je t'aime, mon fils ! »

Quelques explications supplémentaires de Marylène
Dans ce message, votre défunt vous fait comprendre qu'il voit bien votre sensibilité, ce qui vous aide à ressentir le monde parallèle, par moments. Vous avez le droit de faire des reproches à vos êtres chers décédés, ils sont désormais capables de comprendre pourquoi vous ressentez ces émotions. Ne doutez pas de l'aide que vous apporte ce défunt ; il vous envoie de l'énergie pour vous aider à vivre vos émotions.

Ton ange aimerait te dire...

« La vie est courte ; plus tu avanceras sur le chemin de ta vie, plus tu le réaliseras. Lorsque tu te sens dépassée par les événements et les situations, c'est un système d'alarme qui se met en marche pour te dire qu'il te faut prendre une pause et analyser ta vie actuelle.

Est-ce bien ce que tu veux vivre ? Tu crois que tu as assez de temps pour perdre et gaspiller cette précieuse énergie dans des situations qui ne te donneront rien ? Un jour, on se retrouvera dans l'au-delà, et tu me diras que ce message est arrivé à point dans ta vie parce qu'effectivement, tu perdais un temps précieux.

Profite de la vie, embrasse la vie. Prends une journée de congé et va faire une marche dans ta ville ou ton village, assieds-toi quelque part et regarde les gens courir, regarde leur visage sérieux et anxieux. Tourne tes yeux vers un parc, où les enfants insouciants jouent en riant et en courant... C'est ça, la vie ; c'est aussi prendre des moments pour jouer. »

Exercice : Peu importe ce que tu fais en ce moment, laisse tout tomber. Prends ta journée. Personne n'est irremplaçable, la terre ne cessera pas de tourner parce que tu ne feras pas ta routine quotidienne... Fais quelque chose qui n'est pas dans tes habitudes, visite un endroit nouveau... juste pour te dépayser et voir que la vie, c'est aussi autre chose.

J'aimerais te dire...

« Oui, je suis là, moi aussi. Je fais la file comme tout le monde (rire) ! Avant toute chose, merci, maman, pour tout ce que tu as fait pour moi. C'est sûr, là où je suis maintenant, je peux le voir, mais surtout, je peux le réaliser !

On n'est pas toujours bien, c'est vrai. Ça fait même un peu *capoter* (ça fait un peu peur), mais dans l'état de conscience où je me trouve maintenant, c'est plus facile.

Moi aussi, je voudrais m'excuser. De t'avoir parfois donné du *trouble* (du mal). Je ne voulais pas vraiment faire ça, mais j'avais des expériences à vivre. Désolé pour tout cet argent (rire).

Ne t'inquiète pas. Malgré certains problèmes, j'ai eu des moments très heureux dans ma vie. J'ai été comblé sur bien des points.

Je suis toujours content que tu sois ma mère et, oui, j'ai encore besoin de toi (rire) ! Je réalise que j'ai fait de bonnes choses dans ma courte vie et ça m'aide à évoluer où je suis.

Quand j'aurai plus d'énergie, je vais venir t'aider, maman ! »

Quelques explications supplémentaires de Marylène

Il est important pour ce défunt de vous dire à quel point il réalise tout ce que vous avez fait pour lui. Que là où il est, il comprend de plus en plus son implication dans votre vie et ce que cela a pu causer ! Il tient aussi à vous rassurer sur sa vie sur terre : malgré quelques périodes troubles, il a été heureux. Je vous suggère de faire des prières pour lui et d'allumer des chandelles lorsque vous lui parlez. Cela l'aide à élever son taux vibratoire et à continuer d'avancer dans sa lumière.

Ton ange aimerait te dire...

«L'amitié est ce que tu as de plus précieux; conserve-la bien comme il faut. Parfois, tu te sens seule et tu crois que personne ne veut t'écouter. Je suis là, mais je sais que je peux te sembler invisible, alors que tu as besoin de voir la personne à qui tu confies tes problèmes. Regarde près de toi, tu as des amis qui ne demandent qu'à t'écouter.

Ne te renferme pas sous prétexte que ton ego te rend susceptible. Au contraire: ouvre-toi et parle de ce que tu ressens. Ces personnes sont sur ta route pour plusieurs raisons. D'ailleurs, une de tes amies a déjà affronté et surmonté un problème comme le tien; elle saura te conseiller.

Si tu écoutes ta petite voix intérieure, je te guiderai vers cette amie. Je t'aiderai à t'exprimer; tout ce que tu auras à faire, ce sera de te laisser aller sans jongler, sans analyser, sans te mettre à la place de cette personne ni penser à sa place. Fais-toi confiance, je sais que tu as besoin de parler, et c'est maintenant!»

Conseil de ton ange gardien: N'attends pas qu'il soit trop tard pour dire ce que tu ressens et ce que tu vis. Les personnes de ton entourage sont sensibles à ta peine et à ton désarroi. Il te suffira de quelques minutes pour faire sortir ce qui stagne au fond de toi et qui est lentement en train de se transformer en quelque chose de négatif.

Oui pour toi.

J'aimerais te dire...

« Salut, ma fille. Bienvenue chez moi ! Je me sens bien, maintenant. Ça n'a plus rien à voir avec ce que j'étais sur terre. Heureusement ! Tu es bien bonne de prendre de mes nouvelles. Ça va faire plaisir à notre communauté.

Je voulais te dire d'apprendre à prendre soin de toi. Tu ne sais pas à quel point c'est important. Les arcs-en-ciel, c'est beau pour les autres. Ne trouves-tu pas que tu as assez donné, pour ta famille, tes frères ? Bon, maintenant, tu vas bien m'écouter ! Tu es belle et tu es importante. Travaille sur toi de la bonne façon, sur ton intérieur.

Les guides sont avec toi. Remercie-les pour leur aide. Chacun à leur tour, ils t'apportent leurs conseils, c'est comme des clés. Apprends à t'en servir. Je pense beaucoup à toi, maintenant. Je sens que tu as besoin de mon aide. Je te l'accorde. Je vais être près de toi si tu me le demandes.

Oui, je vais bien avec toi (rire). Nous deux, on fait la paire ! Je m'ennuie de nos rencontres, de la vie qu'on avait avant. On a travaillé fort pour se rendre là où on s'est tous rendus ensemble. Je t'aime, mon enfant. »

Quelques explications supplémentaires de Marylène

Par ce message, votre défunt souhaite que vous preniez soin de vous. Il admire la personne que vous êtes parce que vous donnez beaucoup, mais il vous rappelle qu'il est aussi important de continuer de travailler sur vous-même. Votre défunt peut vous apporter son aide dans les moments plus difficiles ou dans les moments de doute. Il peut vous transmettre l'énergie nécessaire pour vous donner du courage.

Ton ange aimerait te dire...

« Avant de crier haut et fort que tu as raison, que tu connais la réponse, que tu sais de quoi il en retourne, questionne-toi. Est-ce que tu es certaine de ce que tu affirmes ? Est-ce que ce que tu veux défendre est la seule vérité ? Car il s'agit peut-être de ta vérité à toi et non pas de la réalité.

Chaque être humain construit ses croyances selon ses expériences, son vécu, et cela devient sa réalité, sa vérité. Cependant, il peut y avoir plusieurs réponses valables, compte tenu des expériences de ces autres personnes. Ton ego veut avoir raison, c'est normal. Il a besoin de reconnaissance et d'attention, c'est une des expériences qu'il est venu faire sur terre.

Tu peux calmer ton ego en prenant le temps de réfléchir la prochaine fois que tu ressentiras une pulsion d'avoir raison à tout prix. Demande-toi alors, tout simplement, si cela est utile que l'autre personne adhère à ta vérité, à tes croyances, si cela la fera évoluer. Peut-être a-t-elle besoin de faire sa propre expérience et de tirer ses propres conclusions ? »

Exercice : La prochaine fois que tu as une conversation avec des gens, écoute-toi parler. Cherches-tu à toujours avoir raison ? Cherches-tu à partager tes histoires personnelles comme étant la vérité et la seule réalité ? Tu seras peut-être surprise de la place que ton ego occupe dans une conversation. Pour t'aider, laisse un peu de place à ton âme pendant les discussions ; tu verras naître la compassion et la compréhension.

J'aimerais te dire...

« Oui, bonjour, ma fille ! Je suis occupée (rire), mais jamais trop pour venir te voir ! Non, ça ne me dérange pas. C'est-à-dire que ça ne m'empêche pas d'évoluer ici. On est bien. Oui, je l'ai revue, tout s'est fait dans le calme, on s'est expliquées. Maintenant, je fais les choses qu'il faut de mon côté.

Je prends soin des âmes humaines et des âmes des animaux. Ils en ont bien besoin, eux aussi. Tu sais, l'amour entre les êtres vivants, c'est beau, mais c'est tellement plus beau ici. Dans la dimension où je suis, il n'y a plus de méchanceté, ça fait du bien !

Je vous aide aussi (rire). Je ne vous oublie pas, vous êtes ma priorité. J'ai accompagné chacune des petites âmes nées sur terre vers vous. Il y en a une qui aime la musique plus que les autres ; laissez-la faire, ça lui vient d'ici (rire) ! On lui a dit de jouer de la musique, que c'était bon pour son développement psychique.

Je suis contente de te sentir enfin bien. Tu sais, je ne voulais pas te faire de peine ni t'abandonner. Même à toi, je chante des berceuses (rire). Tu seras toujours ma fille, le temps que tu finisses d'accomplir ta mission sur terre ! »

Quelques explications supplémentaires de Marylène
Voici un message d'une belle âme en évolution dans l'au-delà. Elle vous explique qu'elle a retrouvé une personne avec qui elle a fait la paix et que tout va bien maintenant. Elle a une nouvelle mission : elle aide les âmes à s'incarner sur terre. Elle les conseille et les guide. Elle aide aussi l'âme des animaux. Elle voit que vous allez de mieux en mieux, et cela la rassure et lui donne de l'énergie pour continuer son cheminement dans l'au-delà.

Ton ange aimerait te dire...

« Est-il possible que tu attaches trop d'importance aux petits détails et que tu laisses s'échapper de belles choses, de belles rencontres et de belles situations ? Ces occasions ne reviendront pas forcément. Qu'est-ce qui te chicote autant ? Arrête-toi quelques instants et penses-y.

Parfois, j'aimerais te dire que tu analyses trop, que tu te laisses arrêter par de petites choses insignifiantes, et que cela te limite. Tu ne vois plus l'ensemble de la situation, tu ne vois que ce qui va mal. De plus, non seulement tu te laisses freiner par ces détails, mais tu ne vois plus les solutions qui se présentent à toi.

Deviens la spectatrice de la situation, prends du recul, regarde ce qui se passe avec un regard neuf et laisse monter en toi toutes les solutions possibles. Parmi ces solutions, il y en a une qui va fonctionner pour toi. Il ne te restera plus qu'à l'appliquer et à voir les résultats. Il te faut passer à l'action plutôt que de rester dans l'apitoiement et dans l'analyse. »

Exercice : Considère une situation dans laquelle tu tournes en rond, dans laquelle tu ne sais plus quoi faire. Ferme les yeux et imagine que ce problème est celui d'une autre personne. Vois ce que cette personne vit et ressent. Maintenant, imagine que tu peux lui donner la solution pour l'aider à continuer ; laisse monter cette solution de l'intérieur de toi. Tu peux utiliser cette solution pour t'aider à avancer.

Tu es exaucé.

J'aimerais te dire…

« Ces temps-ci, mes corps d'énergie sont bien fatigués. Je travaille très fort énergétiquement. J'aide beaucoup de personnes sur terre parce que beaucoup de gens pensent à moi ! Ah, la maladie ! Ça fait des ravages, beaucoup plus grands qu'on le pense.

Ce n'est pas juste la personne avec sa souffrance physique qui vit l'expérience. C'est tout ce qui l'entoure. C'est tous les gens que ça implique, physiquement, psychiquement, émotionnellement, et j'en passe ! Oui, nous sommes là avec vous dans ces circonstances, et on fait ce qu'on peut.

J'aimerais te serrer dans mes bras. Je suis heureux que tu sois en vie sur terre. Il y a tant de choses à faire. Tu peux aider les gens à ta façon, sans changer. Reste toi-même !

Je prends le temps de venir te voir dans tes rêves, de te faire un petit coucou par-ci par-là. Ton animal (rire) est très réceptif. Il sent notre présence !

Je voudrais te raconter des histoires, te parler de ce qui se passe ici. Je veux que tu te prépares et que tu prépares les autres pour quand viendra leur tour. C'est toujours mieux d'être préparé. Ils sauront quoi faire en arrivant ici. Ne t'inquiète pas, je serai là pour les accueillir et les accompagner dans leur nouvelle vie ! »

Quelques explications supplémentaires de Marylène

Votre défunt est encore près du plan terrestre ; il désire aider les vivants dans leur cheminement. Pour cela, il a besoin d'énergie, alors je vous suggère de prier pour lui, c'est une façon de lui en envoyer une belle. Il s'ennuie de vous, il aimerait encore pouvoir avoir des contacts physiques avec vous. Soyez attentif à vos rêves, car c'est la façon qu'il a choisie pour vous faire des « petits coucous ». C'est plus facile pour lui.

Ton ange aimerait te dire...

«Souvent, je vais te dire de penser à toi, de faire des activités rien que pour toi, car tu as aussi besoin de prendre du temps pour toi. Cependant, aujourd'hui, j'aimerais que tu aides une personne autour de toi, une personne qui a besoin de soutien en ce moment. Elle ne le demandera pas, alors il faudra que tu ailles vers elle.

Tu as un grand cœur et tu as vécu tellement d'expériences que cela t'a rendue sage. Tu peux maintenant transmettre cette sagesse par tes paroles ou par tes écrits. Tu ne peux savoir ce que les autres vivent, et c'est normal; c'est pourquoi je viens attirer ton attention sur un problème que vit cette personne. Comme tu l'aimes, je suis certain que tu voudras te libérer quelques instants pour prendre de ses nouvelles.

C'est maintenant qu'elle a besoin de toi, pas quand tu auras le temps ou qu'un rendez-vous sera annulé à ton agenda. Tu te demandes qui est cette personne? Lève les yeux et regarde bien autour de toi: elle marche la tête basse et fuit les regards, elle semble fatiguée et elle n'a le goût de rien; elle se referme de plus en plus sur elle-même. Quand tu seras près d'elle, je t'aiderai à lui parler, ne t'inquiète pas.»

Conseil de ton ange gardien: Je suis certain que tu aimerais toi aussi voir une personne venir vers toi pour t'aider si tu en avais besoin. Laisse-toi guider par ton intuition. Fais le tour de ta famille, de tes amis et de tes collègues. Tu vas remarquer assez vite cette personne, et si cela se trouve, tu sais peut-être déjà de qui je veux parler.

La réponse se trouve dans la nature.

J'aimerais te dire...

« Salut, maman ! Arrête de t'inquiéter pour moi (rire). Je vais bien. Tu sais, j'ai fait ce que j'ai voulu dans ma vie, ce que j'ai pu ! Bien sûr que j'ai des regrets ! J'aurais dû me battre plus fort pour rester en vie. Oui, j'aurais dû !

J'ai avancé pareil ! J'en ai fait, des choses, maman, ici. Tu es une super mère. Je ne te l'ai pas assez dit. Regarde ce que tu as fait de moi (rire) !

Tu sais, maman, l'important est d'aller jusqu'au bout. Et d'en vouloir à personne. C'est du poison qui coule dans nos veines, quand on déteste les gens.

Je ne suis pas tout seul (rire) et, aussi, je vais souvent voir les âmes des enfants. Je me vois en eux. Je comprends des choses grâce à eux. Et tu sais, c'est là que j'ai compris que j'avais une mère vraiment super. J'ai compris ce que tu avais choisi de vivre et je t'admire pour ça.

Quand on va se retrouver, je vais pouvoir tout te raconter. En attendant, occupe-toi de tes orteils (oreilles) (rire) ! Fais jouer de la musique, et puis danse (rire). Ça t'aidera à faire remonter tes énergies ! Je serai toujours là maman, je t'aime ! »

Quelques explications supplémentaires de Marylène

Ce défunt est vraiment bien. Il dégage beaucoup d'énergie et il est inspirant. Il avance bien dans sa nouvelle dimension et il découvre de belles choses. Il est heureux de la relation qu'il a eue avec vous. Il comprend pourquoi vous avez dû vivre ce deuil. Il est en contact avec d'autres âmes qui lui font comprendre son cheminement sur terre. Il vous suggère une façon de chasser votre peine et d'élever vos vibrations : la musique !

Ton ange aimerait te dire...

«Si tu restes cachée à attendre que la situation passe d'elle-même, je te le dis tout de suite, tu viens de laisser passer une belle occasion d'évoluer. Et cette situation reviendra d'une autre façon, jusqu'à ce que tu aies compris la leçon. À toi de voir si tu veux continuer d'éviter le problème et faire comme si de rien n'était.

Tu m'as demandé un message, tu m'as posé une question, je te réponds. Je te ne te dis pas cela pour te blesser ou te juger, loin de là. Je te le dis parce que tu es prête à entendre cette réponse. Tu es prête à comprendre que rien ne se fait tout seul, qu'il faut passer à l'action, poser des gestes, peu importe lesquels. Il faut ensuite voir où cela te conduit et trouver des solutions à ton problème.

Ce n'est pas en restant à ne rien faire et à attendre que l'orage passe que tu seras plus heureuse ou soulagée. Il y aura d'autres journées où la pluie tombera; elle sera parfois plus douce, parfois plus forte, mais tu devras à nouveau y faire face. Cependant, une fois qu'un orage est tombé parce que tu l'as affronté, il ne revient plus. Alors, sors sous la pluie et combats-la: tu en es capable!»

Conseil de ton ange gardien: Je sais très bien que tu aimerais rester dans ton lit à dormir et à souhaiter te réveiller quand tout sera fini. Mais ce n'est pas cela la vie! C'est une suite de montagnes russes qu'il te faut monter et descendre pour évoluer sur le plan terrestre. Souviens-toi, tu es venue accomplir une mission de vie terrestre. Au boulot!

J'aimerais te dire...

« C'est à mon tour de parler. Et puis, tu vas bien m'écouter (rire) ! Veux-tu bien prendre soin de toi ! Ne fais pas comme si tu ne savais pas de quoi je parle ! Tu fais le drôle, tu penses aux autres, tu veux que tout le monde soit bien, mais toi, où vas-tu avec tout ça ?

Je l'ai compris quand je suis arrivée ici. Trop tard. Ah ! J'ai beaucoup aimé ma vie, sauf en dernier, ce n'est pas grave. Il faut faire attention à notre vie. Et tu dois faire ce qu'il faut pour accomplir ta mission.

Je fais des prières pour toi, pour ta famille. Je sais ce que tu vis. Je sais que, des fois, il y a de la confusion entre tes sentiments et ta tête. Je suis fière de toi parce que tu arrives toujours à prendre les bonnes décisions.

Pour la maison, tu sais, ce n'est pas grave. Il faut qu'il y ait des changements, c'est du matériel. L'important, c'est vos vies. Peu importe où tu iras, il y a une place pour toi, et tu auras toujours quelque chose à accomplir. Oui, j'ai fait ce que tu m'as demandé. J'en ai pris soin. Merci de penser à moi, mon gars ! »

Quelques explications supplémentaires de Marylène

Dans ce message, votre défunte veut que vous compreniez qu'il est temps de vous arrêter et de penser à vous. De là où elle est maintenant, elle fait des prières à sa façon pour vous ; elle ne vous oublie pas. Elle vous rappelle que le matériel est secondaire, que l'important, c'est votre vie et votre mission terrestre. Elle veille sur vous quoi que vous puissiez penser.

Ton ange aimerait te dire...

« J'admire la personne que tu es en train de devenir. Tu as fait beaucoup d'efforts ces derniers temps et je voulais le souligner. Tu évolues rapidement, et ce, grâce à tes expériences et à tes apprentissages. Tu prends soin de toi, de tes pensées ; tu poses les bons gestes au bon moment.

Bien sûr, il reste des situations dans lesquelles tu ne te sens pas à l'aise ; tu cherches des explications et des solutions. Comme tu es devenue plus sage, je t'invite à puiser justement dans cette sagesse pour y trouver tes réponses. Puiser dans ton vécu, dans ton passé. Cette situation te rappelle-t-elle quelque chose ? Tu as déjà vécu cela il y a longtemps. Comment étais-tu passée au travers ?

Ton taux vibratoire est assez élevé pour que tu te permettes de régler une situation de ton passé qui traîne depuis longtemps et qui te limite dans ton évolution. Prends du temps pour dresser un plan et te libérer de cette situation une bonne fois pour toutes, car je t'annonce que si tu ne le fais pas dans cette vie, cela te poursuivra dans la prochaine. »

Conseil de ton ange gardien : Cette situation qui te limite est enfouie au fond de toi. Laisse-la émerger tranquillement. Laisse remonter les images, les ressentis et la colère. Ne t'inquiète pas, tu ne retomberas pas dans ces émotions ; tu es assez élevée maintenant pour mieux comprendre. Tu as suffisamment de compassion et de sagesse pour t'aider à résoudre ce conflit et à te pardonner.

Pratique ta respiration pour te calmer.

J'aimerais te dire…

« C'est moi. Oui, c'est bien moi (rire). Je suis ici avec toi, c'est merveilleux ! Je suis encore dans le voyage. Je ne me suis pas déposée encore, je flotte, comme sur un nuage (rire) !

Je ne veux pas que cet état de bien-être s'arrête. Mais je sais bien qu'il le faudra, à un moment donné (rire). Les gens sont venus vers moi. Des membres de ma famille. Que ça m'a donc fait plaisir de les revoir !

Je ne veux pas trop penser à la peine que j'ai d'être séparée de toi, de vous autres. Je sais que tu as bien fait les choses, que tu les as faites comme je voulais, c'était parfait. Et je sais aussi que tu agis encore de ton mieux.

Je suis avec toi par la pensée. Merci pour ce que tu m'as dit pendant que je m'en allais. Ça m'a fait du bien et cela m'a permis de partir sans trop regarder en arrière.

Je sais que tu iras bien parce que tu es forte. Je t'aime d'un grand amour, ma fille, et je suis très heureuse d'avoir vécu ce bout de chemin avec toi. Tu me manques, mais on va faire ce qu'il faut pour bien aller, pas vrai ? »

Quelques explications supplémentaires de Marylène

Ce message provient d'une âme qui a quitté le plan terrestre depuis peu de temps. Elle prend conscience de son état, ce qui est un bon signe. Elle chemine à son rythme et elle est bien. Sa famille est venue au-devant d'elle pour l'accueillir, ce qui lui donne de l'énergie pour continuer. Je vous suggère d'allumer une chandelle et de faire des prières pour elle.

Ton ange aimerait te dire…

« Si tu n'es pas heureuse, si tu ne te sens pas bien dans une relation ou une situation, je t'invite à changer. Changer de lieu, changer d'endroit, changer de place. Cela témoigne du fait que tu n'as plus rien à faire dans cette situation. Tu ne peux pas vouloir que les autres changent, cela ne se fait pas. C'est à toi de changer, et tu le sais au fond de toi ; je ne t'apprends rien.

Lorsqu'une partie de ta mission est terminée, il est tout à fait normal que tu te sentes inadéquate ou en marge de ce que les autres vivent. Il est normal alors de ne plus les comprendre ou de ne plus t'en faire comprendre ; c'est signe que tu es attendue ailleurs. Je sais, les changements, ce n'est pas toujours agréable sur le moment. Tu te dis peut-être aussi que c'est toujours toi qui dois changer… Et c'est vrai !

Car c'est toi qui ne conviens plus dans ce décor. Tu as terminé ce que tu devais venir y apprendre, alors que la pièce de théâtre continue de jouer pour les autres. Tu dois sortir en gardant la tête haute, avoir du respect pour toi et pour ceux qui t'ont accompagnée. Tu dois tirer ta révérence et aller vers une autre pièce dans laquelle tu auras à nouveau un rôle très important à jouer. »

Exercice : Il est temps de faire un bilan de ta vie. Inscris sur une feuille tout ce qui ne te convient plus : les relations, les situations, les biens matériels, les émotions, les pensées… Une fois que ta liste est faite, inscris par ordre d'importance les premiers endroits ou situations d'où il te faut tirer ta révérence. Commence tout de suite.

La vie est généreuse avec ceux qui le sont.

J'aimerais te dire…

« Il ne faut pas trop crier après moi, je n'aime pas ça (rire) ! Bien sûr que je t'entends, ma fille. Mais il est possible que je ne te réponde pas à ta façon. Tu as le même caractère que moi (rire). Ne dis pas non, je te vois aller (rire) !

C'est vrai que j'avais toute une personnalité ! Je ne le regrette pas. Je t'ai donné tout ce que j'ai pu. Et aujourd'hui, je te vois grande et bien élevée. Je suis fier de toi. De ce que tu deviens à chaque instant. Je suis fier de voir que tu ne te laisses pas abattre, que tu te relèves comme une vraie championne.

On a un grand cœur. Le mien s'est arrêté, il n'en pouvait plus ; je lui ai fait vivre trop d'émotions (rire).

La vie, c'est beau ! Il faut arrêter de se battre, de vouloir la changer. J'ai vu mon *chum* (ami) ! Il n'a pas changé (rire). J'ai vu beaucoup de choses concernant ma vie, et c'est pour ça que je te dis que parfois, on se la complique, la vie, et pour rien, en plus !

Je te le dis encore une fois : si tu veux que je vienne te voir, sois patiente ; je fais ce que je peux avec les énergies que j'ai (rire) ! Je t'aime, ma fille, et je suis fier de toi ! »

Quelques explications supplémentaires de Marylène
Votre défunt est très explicite. Il vous dit d'être patiente si vous voulez vivre des manifestations provenant de lui. Il peut le faire seulement lorsqu'il a assez d'énergie, car il doit en garder pour cheminer dans l'au-delà. Il vous dit d'aimer la vie, de ne pas vous entêter à tout vouloir changer, car cela la complique davantage. Il est fier de vous et il voit vos progrès sur le plan terrestre. Il est à vos côtés quand son énergie le lui permet.

Ton ange aimerait te dire...

« As-tu remarqué que lorsque tu fais des choix en accord avec ton instinct, tu es plus heureuse, tu te sens plus légère et plus en harmonie avec toi-même ? Souviens-toi de la dernière fois que tu as écouté ta petite voix intérieure, souviens-toi des émotions que tu as ressenties et de la fierté qui t'a envahie...

Tu peux répéter ces exploits aussi souvent que tu le désires et je ne demande pas mieux que de t'accompagner dans ces expériences. Lorsque tu fais tes choix en écoutant ce qui remonte à l'intérieur de toi, tu ne te trompes jamais. Tu décides avec ton cœur et tu fais confiance à ces douces et belles émotions qui circulent dans tes énergies. Ça devrait toujours être comme ça. Ta vie serait plus douce et plus belle.

Tu te demandes parfois pourquoi rien ne va dans ta vie, pourquoi tu vis telle ou telle situation, alors, pose-toi cette question : est-ce que tu as écouté ton cœur, ton instinct, ou as-tu écouté ta raison ? Cela fait toute la différence dans ce que tu vis. Souviens-toi de ce message lorsque tu auras une décision à prendre, aussi banale soit-elle. »

Conseil de ton ange gardien : Suis toujours ton cœur, il ne se trompe jamais. Cela peut te conduire à vivre des émotions difficiles, soit, mais c'est toujours dans le but de te faire évoluer, et sache qu'aucune situation ne se présentera à toi si tu n'as pas les énergies et les connaissances nécessaires pour la surmonter.

Après le coucher du soleil.

J'aimerais te dire…

« Tu sais, papa, personne ne voulait ce qui est arrivé. Il fallait que maman soit forte pour cela, mais toi aussi. Toi, papa, tu es aussi très important pour moi.

Tu l'as dit toi-même : je suis une étoile de plus dans le ciel. C'était la bonne décision. Je sais que c'était difficile. Maintenant, tu peux reposer ton esprit et cesser de te poser toutes ces questions. Il y a des choses trop compliquées à comprendre sur la terre.

Je vous aime beaucoup et je veille sur vous. Tu as le droit de pleurer, toi aussi, papa. Tu n'as pas perdu de la force, tu en as gagné avec cette épreuve.

Mon âme est avec toi, et elle le sera chaque fois que tu le voudras. Je poursuis mon évolution dans cet autre monde, et je suis bien entouré. Tu as dit et fait ce qu'il fallait afin que je sois bien entouré, merci.

Il y a d'autres personnes qui t'aiment, papa, et je veux que tu continues d'être heureux et souriant ; c'est pour ça que j'avais choisi de venir vers toi. Merci d'avoir accepté de me prendre dans tes bras. Merci pour tout, papa ! »

Quelques explications supplémentaires de Marylène

Un message très touchant venant d'une âme qui chemine très bien dans sa lumière. Elle a compris plusieurs choses depuis son départ. Elle est consciente que vous avez encore beaucoup de peine. Dans ses mots, elle dit qu'elle veille sur vous. Elle vous encourage à prendre votre vie en main et vous répète qu'elle sera toujours là pour vous.

Ton ange aimerait te dire...

« L'humour est une belle façon de surmonter les obstacles dans la vie. Tu crois que tout doit être fait sérieusement ? Il y a une différence entre être sérieux et être respectueux. Tu peux vivre une situation difficile et t'en sortir avec l'humour, en voyant le côté comique de la chose, tout en gardant le respect des gens impliqués, y compris de toi-même.

Lorsque tu prends les choses trop au sérieux, tu te limites et tu donnes de l'importance à tes peurs, alors qu'en choisissant de voir les choses sous un angle différent et avec un peu de dérision, tu peux entrevoir beaucoup plus de solutions et de possibilités. Autour de toi, regarde les gens qui semblent tout prendre avec un grain sel; ils te paraissent plus heureux, plus sereins, pas vrai ?

C'est parce qu'ils ne font pas toute une montagne de ce qui se passe dans leur vie, ils pratiquent le lâcher-prise et choisissent l'humour comme soupape d'évacuation. Essaie maintenant de voir ta situation d'une manière humoristique et caricaturale, et laisse émerger les émotions de bien-être et de lâcher-prise que cela te procure. »

Exercice : Prends une situation dans laquelle tu n'es pas bien, où tu ne te sens plus heureuse. Imagine cette situation comme une comédie hilarante, imagine les répliques que les personnes s'échangent entre elles et avec toi. Laisse-toi aller, ne filtre pas ce qui remonte. Imagine différents scénarios où tu es tantôt le dindon de la farce, tantôt la personne avec laquelle tu as un conflit...

La réponse est dans ton téléphone.

J'aimerais te dire...

« Merci pour ce que tu as fait avec mon fils. Du temps que j'y étais, je lui ai donné ce que j'ai pu; toi, tu as continué le reste.

Je sais, tu as pleuré souvent. Ce n'était pas évident d'être seule avec cet enfant. Quand tu sauras ce que tu avais choisi (rire) ! Il n'aurait pas dû être seul, mais les événements se sont déroulés autrement.

Je comprends notre fils, je suis avec lui, là où je suis. Ce n'est pas toujours évident, ni pour lui ni pour toi. Je suis fier de vous voir tous les deux, ensemble.

Tu sais, si j'ai pu croiser ta route juste pour qu'il soit là, une partie de ma mission était faite (rire) ! Tu as été une femme très importante dans ma vie. Tu m'as redonné espoir. C'était un amour différent, mais il était là quand même (rire).

Tu m'as sauvé au moment où j'aurais voulu abandonner. Tu m'as aidé à aller jusqu'au bout, malgré tout. On a partagé ensemble ce que beaucoup de couples ne partageront jamais !

Je te souhaite d'être heureuse, tu le mérites, et embrasse notre fils pour moi ! »

Quelques explications supplémentaires de Marylène

Votre défunt avance dans sa lumière, il est bien. Il vous admire beaucoup, il est fier et content d'avoir partagé avec vous un bout de sa vie. Il parle de votre fils, d'une personne importante dans votre vie à tous les deux. Le cheminement que vous avez fait ensemble faisait partie de votre plan de vie, de votre mission. Continuez de penser à ce défunt, cela lui fait du bien et l'aide à poursuivre son évolution.

Ton ange aimerait te dire...

« Tu anticipes ce qui s'en vient ? Pourquoi ? Pourquoi échafauder tous ces scénarios et vivre maintenant les émotions qu'ils te procureront sans savoir si c'est vraiment cela qui t'attend ? Tu imagines toute l'énergie que tu perds à imaginer et à vivre tout cela, alors que ce n'est peut-être pas prévu sur ton chemin ?

Concentre-toi sur l'instant présent. Tu es heureuse de ce qui se passe, profites-en ; tu ne l'es pas, change ton scénario immédiatement. N'attends pas à plus tard, au cas... C'est tout de suite et à chaque minute que tu forges ton futur. Il ne se crée pas tout seul ; il se crée grâce aux actions que tu poses, aux décisions que tu prends.

L'anticipation est la preuve que la peur t'habite, et la peur est très mauvaise conseillère. Elle est irréelle et joue avec les choses irréelles. Elle te fait croire des choses qui ne sont pas véritables et qui ne t'arriveront pas. La preuve ? Regarde dans le passé tous les scénarios que tu avais anticipés, tout ce qui devait mal se terminer. Combien d'entre eux se sont réellement déroulés comme tu le prévoyais ? Voilà ! Ici et maintenant, c'est ce qui est important ! »

Conseil de ton ange gardien : Lorsque tu commences à construire des scénarios négatifs, porte ton attention sur ce qui t'entoure et nomme les choses qui se trouvent auprès de toi. Nomme-les à voix haute, s'il le faut. Tu dois revenir au moment présent et transformer cette peur ; tu dois la laisser partir et ne plus lui accorder d'importance. Ainsi, tu retrouveras ton équilibre mental et tu seras davantage reconnaissante de ce qui t'entoure ici et maintenant.

Essaie avec une photo, une image.

J'aimerais te dire...

« Je t'ai entendue ! Tu as fait ce qu'il fallait. J'ai été dirigé à la bonne place.

Ce qu'on a appris quand on était jeunes est en train de servir. Les prières, c'est vrai que c'est important. Et la Vierge aussi. Je ne m'étendrai pas sur le sujet, mais disons qu'elle existe vraiment, et que ça vaut la peine de lui parler.

Il ne faut plus avoir de peine pour moi, je vais bien. J'ai refait mes énergies. Tout ce que j'avais perdu sur terre, je l'ai retrouvé.

Oui, je viens vous voir de temps en temps. Je sais que tu penses beaucoup à moi. Tu me parles et je t'entends : oui, c'est beau ; oui, c'est vrai. C'est comme on le dit. Oui, j'ai revu papa et maman.

Heureusement, tu n'es pas seule. Je te sais bien entourée. Et tu as tes guides, ton ange. Occupe-les (rire) !

Quand viendra le temps pour toi de partir, nous serons là pour t'accompagner dans le grand voyage.

Merci pour ce que tu continues de faire pour moi. Que Dieu te protège ! »

Quelques explications supplémentaires de Marylène
Cette âme chemine très tranquillement ; je vous suggère de faire des prières pour elle. Elle va bien ; cependant, un petit coup de pouce l'aiderait à s'élever davantage. Elle vous demande de ne plus avoir de peine, car elle est bien maintenant, elle est mieux que sur le plan terrestre. Elle retrouve peu à peu son énergie et sa conscience. Elle tient à ce que vous sachiez qu'elle vous entend lorsque vous lui parlez : continuez, cela lui fait du bien.

Ton ange aimerait te dire...

« Je vais t'inviter à célébrer lorsque la situation fera partie du passé. Tu dois garder tes énergies pour les imprévus et les détours. Tu le sais maintenant : la vie ne se vit pas en ligne droite ; il y a des courbes et des pentes à surmonter. Tu es en train de sortir de la dernière courbe, de la dernière pente. Ensuite, ton chemin sera droit pendant un bon moment, et tu pourras te reposer.

Mais avant cela, il te faut rester alerte et à l'écoute de ce qui se passe autour de toi. Il te reste quelques petites choses à bien terminer avant de célébrer. Ce sera pour bientôt et je vais être à tes côtés. Tu mérites de prendre une pause, de relaxer et de vivre de belles émotions. Quand tu seras rendue là, tu pourras analyser tranquillement cette dernière situation et voir où tes solutions t'ont amenée.

Garde confiance en toi et en moi. Ne baisse surtout pas les bras, car tu es sur le point de franchir la ligne d'arrivée de cette étape. Tu peux déjà être fière de toi, il ne te manque encore qu'un peu de courage pour terminer en beauté ce long parcours des derniers temps. Je suis avec toi, tu n'es pas seule. »

Conseil de ton ange gardien : Si tu célèbres trop vite, tu pourrais être déçue. Tu pourrais aussi manquer d'énergie pour bien terminer la dernière épreuve du parcours. Cela dit, ce n'est pas ta mission qui se termine, mais bien une étape de celle-ci. Tu pourras te reposer et refaire le plein de tes énergies pour la prochaine étape quand tout sera bel et bien accompli. Encore un petit effort !

Une personne âgée détient la réponse.

J'aimerais te dire…

« Je vais commencer par te dire ce que je ne t'ai pas assez dit sur terre : merci ! Ça fait *drabe* (ça peut sembler ordinaire), mais c'est ça quand même ! Tu m'as accompagné, et ce n'est pas tout le monde qui l'aurait fait.

Je n'ai pas toujours été facile. Ça n'a pas été facile pour moi non plus de me comprendre (rire) ! Je suis fier de moi pareil, des choses que j'ai réussi à accomplir, surtout au travail. Je m'en veux juste un peu de ne pas être allé plus loin. Avec ce que je vois aujourd'hui de moi, j'aurais pu.

Là-dessus, c'est toi qui avais raison (rire). Tu penses que le téléphone, c'est moi ? Je ne sais pas, c'est possible. J'ai essayé bien souvent de te joindre, et de plusieurs façons. Je sais pas toujours ce qui a fonctionné.

J'espère que tu es libre maintenant, que la vie que tu as est vraiment celle que tu souhaites. C'est important. Il faut avoir le moins de regrets possible quand on arrive ici, c'est mieux.

À part ça, je continue de travailler sur moi-même, d'essayer de me comprendre finalement (rire) ! Fais attention à toi ! »

Quelques explications supplémentaires de Marylène

Ce défunt avance doucement dans sa lumière ; il va bien. Il est en train de lire le livre de sa vie. De regarder ce qu'il a accompli et ce qu'il n'a pas eu le temps de faire. Il a quelques difficultés à tout comprendre, mais il travaille fort. Son ange gardien l'accompagne dans ces prises de conscience, il n'est pas seul. Il vous envoie des signes de sa présence de toutes sortes de façons ; soyez alerte pour les reconnaître.

Ton ange aimerait te dire...

«C'est bien d'écouter les autres, de les écouter raconter leurs expériences, mais ce ne sont pas les tiennes. Tu ne peux tenir pour acquis et pour réel ce que les autres vivent; il te faut vivre tes propres expériences. Tu le sais, maintenant: c'est en vivant différentes expériences que tu apprends des leçons. Les leçons qu'apprennent les autres peuvent te donner des indications, mais elle ne te font pas prendre de l'expérience!

Tu vis en société, tu vis auprès des autres humains; il est tout à fait normal que leurs situations te fassent ressentir des émotions. Cependant, il ne faut pas t'approprier leurs expériences, leurs vécus. Cela ne veut pas dire que tu doives avoir les mêmes expériences à vivre, car chaque personne a une mission de vie unique.

Et l'inverse est aussi vrai: tes expériences peuvent aider d'autres personnes à comprendre leurs situations, mais cela ne les empêchera pas d'expérimenter ce qu'elles doivent vivre. Penses-y lorsque tu donneras des conseils aux gens qui sont près de toi.»

Conseil de ton ange gardien: Tu reçois parfois de sages conseils et tu peux les suivre. Cependant, rappelle-toi toujours qu'il est bon de faire tes propres expériences pour connaître des résultats personnels et qui finalement peuvent être tout à fait différents de ce qu'une personne t'aura suggéré.

J'aimerais te dire...

« Oui, j'aimerais être près de toi en ce moment. Je voudrais t'aider. J'y arrive avec de l'énergie. Il faut garder ton courage pour toi et ne pas gaspiller tes forces (énergies) ailleurs.

Non, on ne vous oublie pas. On veille sur vous tous. On comprend maintenant ce que vous êtes venus vivre sur la terre. Heureusement, tu as des guides pour t'aider. Sers-toi de ton intuition pour aller mieux et pour faire de meilleurs choix.

Je te parle dans tes rêves. C'est normal que tu ne m'entendes pas toujours. Je veux que tu puisses être heureuse. J'ai confiance en toi, tu fais les choses mieux que personne.

Oui, je suis fière de toi. Tu vas déjà plus loin que je n'ai jamais été moi-même. Et tu sais, même si c'est difficile, il faut le faire. Tu en seras vraiment heureuse en arrivant ici.

Et puis ? Même si tu ne faisais pas les choses que tu avais prévues, est-ce grave ? On peut tous changer d'idée, c'est ce qu'on appelle l'évolution.

Je t'embrasse, ma belle grande fille, et je sais que tu fais de ton mieux; je n'ai pas de doute ! »

Quelques explications supplémentaires de Marylène
Votre défunte vous aide grâce aux énergies. Elle ne peut faire survenir les événements pour vous ; cependant, elle vous encourage du mieux qu'elle peut. Pensez à faire des prières pour lui redonner de l'énergie. Ne vous mettez pas trop de pression sur le dos ; agissez à votre rythme et à votre manière. Oui, dit votre défunte, vous avez le droit de vous tromper et de changer d'idée.

Ton ange aimerait te dire...

« J'aimerais que tu observes autour de toi ces gens qui réussissent, ceux qui atteignent leurs buts, ceux que tu admires et ceux que tu envies parfois. Tu n'es pas différente d'eux ; en fait oui, tu es différente, car tous les êtres humains sont différents, mais tu possèdes en toi tout ce qu'il faut pour réussir et atteindre tes buts.

Ces gens, avant d'avoir réussi, avaient un rêve, ils s'étaient fixé des buts. Il n'en tient qu'à toi de faire la même chose. Ensuite, ces personnes ont retroussé leurs manches. Ce n'est pas vrai qu'elles ont été chanceuses ; elles ont agi, elles ont fait des sacrifices pour en arriver là où elles sont aujourd'hui. C'est mon message pour toi aujourd'hui : pose des gestes !

Ce que tu me demandes est réaliste, c'est quelque chose de possible. Il te faut seulement y croire, avoir confiance en toi et plonger dans l'action. Le reste proviendra des énergies qui t'entourent. Tu vas attirer à toi ce que tu demandes si tu te mets dans les énergies de ce que tu demandes. Commençons tout de suite ! »

Exercice : Quelles personnes admires-tu ? Observe leur vie, font-elles des sacrifices ? Quel genre d'actions posent-elles ? Tu peux calquer leurs méthodes, tu peux les imiter. Bientôt, tu pourras toi aussi obtenir les mêmes résultats, si tu es méthodique et disciplinée.

Avec beaucoup de sagesse.

J'aimerais te dire…

« Oui, je le sais que ce n'est pas facile. Pour moi non plus. Je vais bien, mais c'est long. J'ai de la *misère* (difficulté) à m'habituer. Il ne faut pas avoir de peine. J'y suis arrivée. C'est beau, la lumière. Ça fait du bien de comprendre.

Oui, je sais que ça peut te sembler dur, mais tu vas y arriver. Merci pour ton aide, pour tes soins envers moi. Derrière tes mots, derrière tes gestes, j'ai senti ton amour, et ça m'a fait du bien, ça m'a rendue heureuse.

Tu sais, il était trop tard. Je n'ai pas eu mal. Tout s'est bien passé. J'étais heureuse de tous les revoir. J'ai fait la fête sans vous oublier. Oui, je sais tout ce que je vais manquer sur la terre, mais ne t'inquiète pas. Où je suis, je vais pouvoir garder un œil sur vous.

Prends soin de toi, de ta santé, de tes émotions. Vis une belle vie. Vis à fond. Surtout, parle-moi et raconte-moi ta vie. Ça me fait tellement de bien de t'entendre. Il y a quelque chose de beau dans la mort. Je n'ai pas fini de tout comprendre, mais c'est comme une grosse dose d'amour qu'on reçoit en même temps. Je te donne un gros *bec* (bisou) et je t'aime. »

Quelques explications supplémentaires de Marylène

Dans ce message, votre défunte veut vous faire comprendre qu'elle est enfin arrivée dans sa lumière. Dites-lui d'être heureuse et de penser à elle, car elle s'en fait pour vous. Elle veut garder contact avec vous et vous demande de lui parler souvent. Elle est consciente de ce qui vous arrive et sera la première à vous épauler quand ce sera le temps. Continuez de faire des prières pour elle, cela l'aide à cheminer dans sa nouvelle dimension.

Ton ange aimerait te dire...

« Concentre-toi sur les choses positives de ta vie. Observe ce qui te rend heureuse, ce qui te fait du bien. Efforce-toi tous les jours de placer tes énergies dans les relations et les situations positives pour toi. Plus tu aimeras ta vie, moins de temps tu auras pour te plaindre et pour ruminer, pour avoir des regrets et maugréer contre les autres.

Tout est une question de volonté. Tu ne peux pas me dire que tu n'es « pas capable »; tout le monde est capable de modifier ses pensées, de modifier ses habitudes. Tu souhaites être plus heureuse, mieux dans ta peau, plus en équilibre ? Je t'annonce que c'est possible et que je peux t'aider à atteindre cet état.

On doit commencer par tes pensées. Je te demande de prendre conscience de ce qui se passe dans ta tête, d'observer tes pensées. Lorsque l'une d'elles est négative, tout ce que tu as à faire est de la changer pour une autre. Prends conscience de tes habitudes, nous allons les changer une à la fois; tu trouveras une nouvelle habitude en remplacement de celle que tu veux voir partir ! »

Conseil de ton ange gardien : « Ce n'est pas facile de changer », c'est ce que tu crois. Pourtant, je peux te dire que ce n'est pas vrai. La dernière fois que tu as voulu obtenir quelque chose, tu y es arrivée ? Oui. C'est donc le signe que tu peux y arriver encore. Par quoi veux-tu qu'on commence ?

Tu auras des nouvelles en soirée.

J'aimerais te dire...

« Allô, mamie ! Tu sais, je vais bien maintenant. Je suis libre et je vole. Je vole très haut et très loin. C'est bien de ne plus avoir de corps physique. Le mien était brisé et on ne pouvait plus le réparer.

J'ai vu que vous aviez tous beaucoup de peine. Ça m'a fait réaliser combien vous m'aimiez. Il y avait beaucoup de choses qui se passaient dans ma tête, je ne pouvais pas tout expliquer.

Tes doigts (rire), j'aimais les sentir sur moi. Tu me rassurais. Je ressentais beaucoup de choses avec toi. De la lumière, je recevais beaucoup de lumière quand tu pensais à moi.

Me sens-tu quand je viens vers toi ? Je passe tout près de toi. Je sens même ton odeur (rire). Oui, les autres aussi. C'est ma famille sur terre.

Je voudrais tous vous dire merci pour cette belle expérience de vie. C'est ce qu'il me fallait pour grandir sur terre et prendre ce que je devais prendre. Oui, tu peux leur dire, ils vont être contents. Ne te pose pas trop de questions (rire). Tu auras tes réponses par les anges, quand ce sera le temps ! »

Quelques explications supplémentaires de Marylène

C'est une belle âme pleine de belle lumière qui est venue vous porter ce message. Accueillez-la, soyez ouvert. Le temps que vous avez passé avec cette personne de son vivant a beaucoup compté pour elle. Votre présence la rassurait ; elle recevait vos pensées, vos prières. Vous avez aidé cette petite âme et vous l'aidez encore aujourd'hui, en prenant connaissance de ce message. Elle est à vos côtés, en ce moment même.

Ton ange aimerait te dire…

«Je te connais mieux que tu ne te connais toi-même! Je sais quand tu es heureuse et quand tu fais semblant de l'être. Même toi, tu arrives à te duper. Pour connaître les autres, il faut apprendre à se connaître soi-même; sans cela, tout n'est qu'illusion. En ce moment, tu vis dans une illusion. Tu crois connaître les gens qui t'entourent, mais ce n'est pas tout à fait exact.

Si tu veux pouvoir avancer et régler tes conflits, il te faudra accepter de voir les gens tels qu'ils sont et accepter de regarder qui tu es réellement. Tu as tendance à te concentrer seulement sur certains aspects et tu choisis parfois les aspects les plus laids. Il est donc normal que tu ne te sentes pas bien, que tu ne te sentes pas à la hauteur ou pas assez bonne pour telle ou telle personne, ou dans telle ou telle situation.

À d'autres moments, tu crois posséder une qualité, alors qu'il n'en est rien; tu l'as seulement imaginée, car tu ne la vis pas intérieurement. Je ne te dis pas que tu ne peux pas le faire. Au contraire, je te dis qu'il te faut devenir plus authentique et plus à l'écoute de ton for intérieur. Apprends à te connaître comme je te connais, tu verras quelle personne merveilleuse tu caches.»

Exercice: J'aimerais t'inviter à réaliser un exercice d'introspection. Il y a longtemps que tu n'as pas pris le temps de le faire. Dresse une liste de tes qualités et de tes défauts. Attention, ne procède pas trop rapidement ou superficiellement; prends le temps de regarder à l'intérieur de toi si tu possèdes vraiment cette qualité ou ce défaut. Tu seras surprise du résultat final si tu t'y mets vraiment.

Tu dois réparer quelque chose avant.

J'aimerais te dire...

« Merci, maman, pour tout ce que tu as fait pour moi. Oui, moi aussi, j'ai hâte que tu voies pourquoi tu as vécu tout ça (rire). Grâce à toi, j'ai eu une belle vie !

Pardon (rire). Pardon d'avoir parfois été fâchée, de ne pas avoir été contente. Il y a des choses que je n'aimais pas faire (rire) : laver et manger (rire). Et pourtant, toi, tu avais le tour. Tu savais comment me faire rire, comment me faire sourire.

Tu en as fait beaucoup, et je t'admire. Tu as beaucoup de patience. Merci pour tout ça. Ici, je peux faire toutes sortes de choses intéressantes. Je peux danser, j'aime danser, j'aime la musique. J'aurais voulu être en amour dans ma vie, ça m'a manqué (rire). Ce sera pour une prochaine vie ! Que j'espère passer encore avec toi.

Je viens te voir dans tes rêves, maman. Je viens aussi caresser tes cheveux et te donner un *bec* (bisou). Ça nous fait du bien, à toutes les deux. Je continue mon évolution grâce à toi. Encore merci de m'avoir accueillie telle que j'étais. »

Quelques explications supplémentaires de Marylène

Votre défunte est bien. Elle est dans sa lumière, vous n'avez plus à vous inquiéter. Elle était heureuse auprès de vous, elle a apprécié sa vie sur terre. Il y a des expériences qu'elle n'a pas eu le temps de vivre et qu'elle se promet de vivre dans une prochaine vie. Surveillez vos rêves et les sensations que vous ressentez à votre réveil, car votre défunte est présente et désire entrer en contact avec vous.

Ton ange aimerait te dire...

« Pour te sentir bien, pour être en équilibre dans cette vie mouvementée, tu dois t'arrêter et te poser des questions. Tu ne peux continuer d'aller de l'avant dans l'état dans lequel tu te trouves; ce n'est qu'une question de temps avant que tu ne tombes et que tu ne te fasses mal. Bien que je puisse veiller sur toi, je ne peux t'empêcher de bousiller ta vie, car tu as ton libre arbitre.

Il n'est pas trop tard, tu peux encore arrêter. Changer la décision que tu as prise et qui t'a amenée là où tu es en ce moment. Car c'est toi seule qui fais que tu te retrouves dans cette position. Ce n'est pas un blâme, c'est une prise de conscience que je t'invite à faire à ton égard. Je vois bien des choses que tu te caches à toi-même.

Tu as le droit d'être heureuse, de toucher le bonheur. Il te faut simplement faire les bonnes choses au bon moment, et c'est pour cela que je t'accompagne jour après jour : pour te montrer la bonne direction et te guider vers les bons choix. Il te faut tout simplement prêter plus attention aux signes que je t'envoie. »

Conseil de ton ange gardien: Dès que tu as un choix à faire, une décision à prendre, arrête-toi quelques instants, n'agis plus sur un coup de tête. Ferme les yeux et respire profondément à quelques reprises, cela va calmer ton ego. Ensuite, laisse remonter tranquillement en toi ce que tu veux vraiment, ce qui est le mieux pour toi. C'est ma façon de te répondre et de t'aider à devenir plus heureuse.

J'aimerais te dire...

« Allô ! Ça me fait plaisir de te parler ! Je suis plus à l'aise maintenant, je cherche moins mes mots (rire). C'est beaucoup plus facile pour moi.

Je reviens à la maison, parfois. Je fais attention de ne pas faire peur aux autres. Eh non, je ne vais pas dans ta chambre (rire) ! J'aime me bercer et parler avec les autres quand ils sont réveillés. Je ne les *achale* (dérange) pas trop longtemps (rire).

Je voulais te dire merci d'avoir pris soin de moi. Parfois, je voulais aider, mais je ne savais pas si c'était correct. Tu gardes un bon souvenir de moi, c'est bien, ça me rend heureux !

Oui, maintenant, je peux comprendre ce qui était déréglé dans mon corps. Tu m'as donné la chance de pouvoir vivre ce que je devais vivre ; tu es la bonté même. Oui, j'ai revu papa et maman. Eux aussi ont compris. J'ai retrouvé ma famille. Ma deuxième famille parce que la première, c'était toi.

Merci encore pour toutes les belles choses que tu m'as enseignées ! »

Quelques explications supplémentaires de Marylène

Cette âme est très heureuse de pouvoir vous remercier. Pour tout ce que vous avez fait pour elle. Vous lui avez accordé beaucoup d'attention et vous l'avez rendue autonome et responsable. Oui, elle vient se manifester dans votre demeure ; elle ne fait pas de grandes manifestations, seulement de petits coucous. Soyez vigilant, observez ce qui se passe autour de vous : les différentes senteurs, les courants d'air, le clignotement des lumières.

Ton ange aimerait te dire...

« Est-ce que tu veux posséder des biens ou être heureuse ? Il y a une différence entre avoir et être. Pour obtenir ce que tu souhaites, tu dois apprendre à être. C'est tellement plus facile par la suite. Alors que beaucoup d'humains commencent par vouloir avoir, ils ne se rendent pas compte qu'ils viennent de compliquer leur vie.

Le cheminement sur lequel je t'amène est la réalisation de ton être. En commençant par te poser la grande question : qui es-tu vraiment ? Tu es en train de rire ? Tu as raison ! Tu crois que je ne réponds pas à ta question ? Détrompe-toi, j'y réponds, car tout commence par être. Et si tu ne te connais pas, tu es mal partie pour avoir.

C'est beau de posséder tout ce que tu désires, seulement, est-ce que tu es plus heureuse ? Te sens-tu réellement mieux dans ta tête et dans ton cœur ? Qu'est-ce qui te rend aussi anxieuse, de quoi as-tu peur ? Quand on est aligné avec sa mission de vie et son cœur, rien ne peut nous rendre nerveux. »

Exercice : Que possèdes-tu ? Que désires-tu ? Dresse une liste de toutes les choses que tu as obtenues au fil des années et de celles que tu rêves d'avoir. Ensuite, dresse une liste de qui tu es, décris-toi avec beaucoup de détails. Dépose les deux listes l'une à côté de l'autre, est-ce que cela concorde ? Est-ce que la personne que tu es a besoin d'autant de possessions ?

Pratique la visualisation créatrice.

J'aimerais te dire...

« J'étais très attendue quand j'ai quitté la terre. Je savais que mon temps était fait. J'avais hâte de partir pour cet autre monde, mais j'avais en même temps de la peine de vous quitter.

Surtout de la peine de te quitter, toi ! Je savais que tu allais passer au travers, que tu étais prête aussi, à ta façon, mais j'étais inquiète quand même. En arrivant ici, je me suis dépêchée de vérifier que tu avais bien un ange pour te guider (rire). Et c'était le cas ! Ouf ! Quel soulagement ça a été pour moi (rire) !

Je pouvais enfin me concentrer sur moi, et c'est ce que j'ai fait. C'est pourquoi tu me vois très évoluée maintenant. J'ai revu tous les membres de ma famille, ils vont bien. Je les *pousse dans le derrière* quand je vois qu'ils ne vont pas assez vite (rire).

Merci d'avoir été là pour moi quand j'en avais besoin. Même si je ne voulais rien demander, tu étais là. Tu es dans mes prières et dès que je le peux, je viens frapper à la porte de tes rêves. Ainsi, je peux passer encore un peu de temps avec toi.

Tu ne m'empêches pas d'avancer ; au contraire, ça me fait plaisir d'être à tes côtés. »

Quelques explications supplémentaires de Marylène
Votre défunte vous explique comment s'est passé pour elle le changement de conscience. Elle aussi a eu de la peine au moment de son décès, et ce, même si elle était prête. Elle s'est inquiétée pour vous et s'en fait encore parfois aujourd'hui. Elle chemine très bien dans l'au-delà. Elle vous confirme que vous pouvez lui parler, que cela ne l'empêche pas d'avancer dans sa lumière. Portez attention à vos rêves, elle vient vous y rendre visite ; apprenez à vous en souvenir.

Ton ange aimerait te dire...

« Tout ce qui provient d'une bonne intention peut se réaliser. Je sais t'écouter et je sais quand tu veux réellement quelque chose. Mais je veux te rafraîchir la mémoire : tu dois le vouloir pour toi, pour ton bien et pour le bien de ta mission terrestre.

Tu peux avoir de bonnes intentions pour les autres, ceux que tu aimes. C'est bien, car tu partages tes énergies de la bonne façon avec ces gens. Cependant, tu ne peux interférer dans leur destin, tu ne peux leur souhaiter des choses qui ne font pas partie de leur mission de vie. C'est pourquoi je vais te demander de te concentrer sur toi et sur ce que tu désires pour faire évoluer ta vie personnelle.

L'amour est une émotion si belle et si cruelle à la fois. Tu te dois de voir les deux aspects pour en comprendre la leçon. Pour comprendre ce que l'amour peut t'apporter de bien et comment bien utiliser cette émotion pour faire le bien autour de toi. Tu ne dois pas vouloir t'éloigner de cette émotion et la rayer de ta vie ; il te faut simplement l'apprivoiser. »

Conseil de ton ange gardien : Tu dois t'ouvrir à l'amour et le vivre le plus simplement possible. Il ne faut pas le quémander, l'exiger ou l'obtenir par le chantage et la violence. Tu n'as pas besoin d'utiliser cela ; sinon, cela signifie que tu n'es pas à la bonne place. L'amour est une émotion facile à laisser entrer dans ta vie. Fais confiance, il est partout ; tu dois juste être à la bonne place au bon moment.

Si seulement tu y croyais toi aussi.

J'aimerais te dire...

« Allô, maman. Je vais bien, je te rassure. Les oiseaux... tu dois regarder les oiseaux. Ils peuvent parfois te montrer le chemin.

Je suis avec toi, maman. Ne te décourage pas. Je sais, oui, je sais que tu as encore bien de la peine. Moi aussi, j'en ai encore parfois.

Tu te débrouilles bien avec mes frères (rire) ! Je t'aime, maman. Je t'aime beaucoup. Tu as été pour moi un ange sur terre !

Je n'ai pas eu l'occasion de te dire à quel point je t'aimais et combien j'étais fier de toi. J'en profite maintenant pour te le dire. Tu es importante pour moi et tu l'es encore où tu es. J'aurai toujours besoin de toi.

Oui, je viens te voir, te visiter. Je ne reste pas longtemps. Juste le temps de te faire un petit coucou.

Merci pour la croix. Il m'arrive de m'y recueillir pour comprendre les derniers instants de ma vie sur terre.

Je ne veux pas te faire de peine en repensant à tout ce qui s'est passé. Je veux que tu sois heureuse. Encore merci pour tout ! »

Quelques explications supplémentaires de Marylène
Cette âme se sent coupable. Elle a besoin de vos prières. Elle a besoin de vos mots, de vos encouragements. Dites-lui d'aller vers sa lumière, d'être bien, de penser à elle, désormais. Elle veut que vous sachiez à quel point elle vous aime et souhaite vous transmettre qu'elle ne vous oublie pas. Elle a juste assez d'énergie pour venir « faire un petit coucou » de temps en temps.

Ton ange aimerait te dire...

« Tu es sur la terre pour profiter de ses énergies, alors profites-en ! Que ce soit dans la nourriture ; la terre regorge de beaux produits sains et nutritifs. Que ce soit pour boire ; tu peux trouver de la bonne eau de source et t'en abreuver. Ou que ce soit de toutes les autres énergies que ton corps physique veut goûter.

Tu as le droit de tout faire, tu possèdes ton libre arbitre. Ce que je te demande, c'est de te méfier des excès. C'est ce qui te rend malade et malheureuse. Ce sont les excès qui font que tu ne veux plus vivre sur terre, que tu ne veux plus revenir, que tu penses que tu en es à ta dernière vie. Alors que tu dois réaliser que c'est un immense privilège que d'avoir accès à tout ce que la terre peut t'offrir.

Il te faut prendre soin de la terre, pour toi et pour les autres qui viendront, car un jour, tu reviendras sur terre pour une autre mission. Que feras-tu si la terre devient pauvre ? Le réalises-tu ? Tu dois savoir profiter des bonnes choses de la vie, les apprécier, remercier et partager ces énergies. »

> *Exercice : Toute la journée, remercie la terre de pouvoir manger, respirer, boire... Prends conscience que ce que tu as dans tes mains provient de la terre, que c'est grâce à elle que tu peux lire ces phrases. Apprécie la nourriture, apprécie l'air frais, l'eau que tu bois. Toute la journée, prends conscience du privilège que tu as d'être en vie.*

Pour joindre l'auteure

www.marylenecoulombe.com

CONCLUSION

Je souhaite de tout cœur que ces messages vous auront aidé à passer à travers votre deuil, qu'ils vous auront guidé dans votre vie vers les bonnes décisions et les bonnes situations, ou encore qu'ils auront satisfait votre curiosité.

Pour ma part, ce fut un plaisir de partager avec vous les moments privilégiés que j'ai eus au cours de mes séances de canalisation avec les différents défunts et avec les anges. J'ai moi-même beaucoup appris lors de ces échanges.

Sachez que malgré mes capacités médiumniques innées, j'utilise régulièrement mes livres, car, comme je vous l'ai dit dès le départ, ce sont des outils puissants de communication avec les mondes invisibles pour recevoir des messages, mais aussi pour prendre des décisions plus sages et plus éclairées.

Pour des messages supplémentaires, je vous suggère la lecture du premier tome du livre *Messages de nos défunts et de nos anges gardiens* ainsi que mon coffret de cartes *Pour communiquer avec ses défunts.*

Je vous invite également avec un immense plaisir à venir vivre l'expérience de mes canalisations en direct sur Internet, que j'offre gracieusement une fois par mois. Il vous suffit de vous inscrire à l'adresse suivante: messagesdelaudela.com pour connaître les détails et soumettre le formulaire de contact pour avoir la chance de recevoir un message de votre défunt.

Qui sait ? Peut-être y en aura-t-il un pour vous ?

Pour terminer, je m'adresse à ceux qui désirent développer leurs capacités à interagir avec l'au-delà, qui veulent apprendre à mieux repérer les signes et les manifestations de leurs défunts, qui veulent les voir dans leurs rêves, ou qui veulent apprendre à entrer en contact avec leur ange gardien. J'ai une solution pour vous : communiquerfacilement.com

Je vous souhaite encore une fois de recevoir de beaux messages de vos défunts et anges gardiens !

Paix, Amour et Lumière xxx

REMERCIEMENTS

Je trouve important de dire merci. De remercier au quotidien pour tout ce que nous possédons et tout ce que la vie nous envoie : les gens, les situations. Je suis remplie de gratitude pour tous ces beaux cadeaux que la vie me fait.

J'aimerais remercier les défunts qui ont participé à l'écriture de ce livre. Je leur envoie beaucoup d'amour et de lumière afin qu'ils poursuivent leur chemin dans la paix et la sérénité. Ils m'ont été vraiment précieux pour ce deuxième tome, et ils m'ont beaucoup instruite, car encore une fois, à leur contact, j'ai pu apprendre de nouvelles choses concernant l'évolution des âmes dans l'au-delà.

Merci encore, chers défunts ; sans vous, il n'y aurait pas de livre. Sans votre désir de rejoindre vos proches par ces messages, ce projet n'aurait pas vu le jour.

Merci à toi, mon ange gardien. Merci d'être présent auprès de moi et de continuer à m'inspirer encore… Merci aux guides écrivains, vous qui me soufflez les mots magiques que mon mental ne saurait trouver.

Merci à mon âme d'avoir décidé de s'incarner en cette ère et d'avoir choisi comme mission l'écriture, afin que je puisse transmettre les connaissances psychiques qu'elle a accumulées au cours de ses anciennes vies.

Merci à Dieu de faire partie de ma vie. Tu es ma force, tu es ma source divine et mon inspiration.

Bien sûr, je tiens à remercier ma famille, mes amies, mes collègues et partenaires pour leur patience, leur écoute et leurs sages conseils. Comme je le disais dans le premier tome de ce livre, vous m'aidez à me dépasser, à devenir une meilleure personne. J'apprends énormément à vos côtés. Merci de choisir de faire partie de ma vie.

Et enfin, je tiens à vous remercier, vous, fidèles lecteurs, qui êtes passionnés comme moi par l'au-delà et les mystères qu'il recèle. Vous faites partie de ma vie depuis plus de 17 ans maintenant, et je vous aime sincèrement. Lorsque je prends mes feuilles et mon crayon pour écrire, c'est à vous que je pense. C'est vous rendre heureux et vous apprendre tout ce que je sais qui m'importe, afin que cela vous soit utile et vous fasse grand bien. Merci de tout cœur.

Suivez-nous sur le Web et
les réseaux sociaux!

EDITIONS-JOUR.COM
EDITIONS-HOMME.COM
EDITIONS-PETITHOMME.COM
EDITIONS-LAGRIFFE.COM
RECTOVERSO-EDITEUR.COM
QUEBEC-LIVRES.COM
EDITIONS-LASEMAINE.COM

Imprimé chez Marquis Imprimeur inc.